Saggi Universa

MW00592591

DI GIULIA MARIA
VIA CARRARA, 4
51100 PISTOIA
0573 380961

Giovanni Bollea

LE MADRI NON SBAGLIANO MAI

Feltrinelli

© Giangiacomo Feltrinelli Editore Milano
Prima edizione in "Serie Bianca" giugno 1995
Prima edizione nell'"Universale Economica" febbraio 1999
Decima edizione nell'"Universale Economica" – SAGGI
febbraio 2004

ISBN 88-07-81521-4

www.feltrinelli.it

Libri in uscita, interviste, reading,
commenti e percorsi di lettura.
Aggiornamenti quotidiani

Prefazione

Da molti anni volevo scrivere un libro dedicato "ai miei bambini". Utilizzando l'ampio materiale che ho raccolto nel corso della mia lunga attività di neuropsichiatra infantile, mi ero proposto di fornire un'analisi semplice ed essenziale delle diverse tipologie incontrate. Desideravo spiegare, in modo chiaro e sintetico, che cosa cerca di comunicare il bambino annoiato, bugiardo, ipercinetico, timido ecc. Che cosa chiede ai genitori, alla scuola, alla società. Aiutare a comprendere i bambini: ecco il contributo che intendevo dare al "Pianeta infanzia".

Ma pensando ai genitori, alla loro confusione di fronte alle situazioni e ai messaggi dei loro figli, al loro sapere troppo o troppo poco, è maturata in me l'idea che fosse più utile rivolgersi direttamente a loro con una serie di consigli e di chiarimenti: una specie di vademecum per genitori incerti.

Ho scelto un titolo un po' polemico, *Le madri non sbagliano mai*, il cui senso risulterà chiaro nel corso della lettura.

Da quando, nel 1952, fondai l'Istituto di neuropsichiatria infantile di via dei Sabelli, a Roma, sempre più numerosi sono stati gli scritti, gli articoli, la partecipazione a trasmissioni televisive e radiofoniche legate all'attività della Scuola. Abbiamo analizzato, e continuiamo a farlo, i cambiamenti della famiglia, spiegando ai genitori l'evoluzione fisica e psichica del bambino, l'importanza dei rapporti affettivi nella prima infanzia, parlando dei possibili traumi psichici e delle loro conseguenze, delle frustrazioni precoci e di tutto ciò che può aiutare i genitori nel loro compito. Visto dall'esterno, questo bagaglio di spiegazioni scientifiche, di suggerimenti, di prescrizioni, spesso ridotti dai media a slogan pericolosi, può spaventare e indurre nei genitori l'impressione che questo compito sia un'arte così difficile da non poter non sbagliare, non arrendersi alla propria inadeguatezza. Se sul piano della ricerca scientifica si sono fatti molti passi avanti nella comprensione della psicologia infantile, sul piano della divulgazione si è spesso equivocato con effetti controproducenti generando dubbi e ansie illecite.

Pensate ad affermazioni come "la madre causa di un anomalo rapporto oggettuale, di un difettoso o ritardato processo di individuazione, di un complesso di abbandono ecc.". Come accettare serenamente la propria funzione materna oppresse dalla paura di essere "causa di..."?

Oppure, per esempio, l'idea che il trauma psichico infantile sia da evitare a ogni costo, pena la compromissione dell'equilibrio presente e futuro del bambino. Questo aprì le porte all'era del permissivismo incondizionato, con guasti altrettanto gravi dell'autoritarismo che si voleva combattere.

In contrapposizione netta a tanto pessimismo, desidero dimostrare che educare, in fondo, non è poi così difficile. Una volta fornite informazioni di carattere generale sulle diverse fasi di sviluppo del bambino e sulle sue esigenze primarie, basterà la volontà di andargli incontro assicurandogli sempre la nostra presenza e il nostro sostegno. Voglio mostrare che "fare il genitore è bello e molto facile". Lo farò non seguendo uno schema rigido, ma basandomi sulla mia esperienza clinica e sul mio metodo di lavoro, alternando spiegazioni a consigli. Questo non vuole essere un trattato di psichiatria, e l'eventuale disarmonia di argomenti corrisponde a un approccio il più possibile naturale, spontaneo, quale si viene configurando nei miei colloqui giornalieri con i genitori e in quelli con i ragazzi. Qualche volta apparirò forse ripetitivo, qualche volta ingenuo. Mi si voglia scusare questo vezzo di psichiatra, che non vuole essere frainteso. Il lettore forse non troverà risposte specifiche ai suoi problemi, ma avrà una chiave educativa generale per affrontare qualsiasi situazione e adattare il proprio atteggiamento alle circostanze.

Desidero ringraziare mia moglie Marika che si è assunta il compito di smussare il mio stile troppo tecnico, e tutte le migliaia di bambini che ho visitato e che mi hanno insegnato tanto. Il merito sarà anche loro se attraverso queste pagine riuscirò, parlando ai genitori, a rendere più felice la vita di tanti altri bambini.

Introduzione

Il Pianeta infanzia

Il riconoscimento che l'infanzia e l'adolescenza sono da considerarsi come una vera e propria classe sociale emergente è di acquisizione molto recente e ancor oggi l'importanza di questo concetto è sottovalutata.

Durante tutto il Medioevo l'idea che l'infanzia fosse una componente della struttura sociale semplicemente non esisteva: tale idea si affaccia solo nel XVI secolo. Sono l'invenzione della stampa e la conseguente maggior diffusione del sapere che, portando in primo piano la necessità di un'istruzione formale, spingono alla nascita delle prime scuole per bambini e adolescenti. Occorreva infatti preparare il bambino per il suo ingresso nell'età adulta, quando avrebbe finalmente cominciato a esistere come individuo: solo in quel momento avrebbe avuto uno "status giuridico" riconosciuto.

Di vera e propria nascita dell'idea di infanzia si può parlare solo alla fine del XVIII secolo, con l'Illuminismo, che ne affermò, per la prima volta nella storia dell'umanità, alcuni "diritti", in verità molto più teorici che reali.

Fu quello il momento di avvio dell'evoluzione dell'infanzia come classe sociale, attraverso un lento processo costellato di crudeltà, ingiustizie, difficoltà di ogni specie, accompagnate da infinite e drammatiche battute d'arresto. Il punto di svolta coincide con la rivoluzione tecnologico-industriale dell'inizio del secolo XIX, cronologicamente legata alla Rivoluzione francese.

La rivoluzione tecnologico-industriale portava, come logica conseguenza, la necessità di una maggiore efficienza in tutti i campi, e quindi il bisogno di una maggiore preparazione scolastica dell'individuo. L'Officina e l'Istituzione scolastica sembrano evolvere su due binari paralleli: da un lato l'esigenza di concentrare in un unico luogo fisico lavoratori con mansioni complementari, dall'altra quello di garantire la formazione delle competenze minime a ciò necessarie. Queste nuove strutture sono l'espressione operativa di due nuove classi sociali: la classe operaia e la classe dell'infanzia-adolescenza.

La prima, più compatta e combattiva, conquistò il suo proclama nel '48, e Marx fece il resto.

La seconda iniziò faticosamente la sua marcia imponendosi all'attenzione dei medici, dei politici e dei nuovi educatori. Il XX secolo si aprì con la dichiarazione che il Novecento sarebbe stato il "secolo del fanciullo". Il processo storico di mutamento dell'autorità parentale, tuttavia, fu più lento a emergere: il passaggio dal concetto di "patria potestà" a quello di "responsabilità parentale" (Cee 1985) fu una conquista lunga e difficile, che cominciò a realizzarsi concretamente soltanto dopo la Seconda guerra mondiale.

Il passaggio dalla nozione di bambino come piccolo uomo, e dell'infanzia come anticamera dell'età adulta, a quella del bambino e dell'adolescente come membri di una classe con esperienze e bisogni fisici, psichici, culturali e anche politici propri, soggetti della storia, cittadini a pieno diritto, è stato molto lento e faticoso. Questa trasformazione implicava una rivoluzione del modo di pensare i rapporti tra la famiglia e la società, ma soprattutto implicava un'autentica rivoluzione dei rapporti interfamiliari, e cioè la nascita di una gerarchia orizzontale al suo interno, dove all'idea di "autorità" si sostituiva quella di "autorevolezza". Dal mondo del padre-padrone si ritornava a pensare all'educazione come all'antico *educere*: guidare in funzione di una armonia di vita.

Ma il traguardo così faticosamente raggiunto si trova oggi ad affrontare una nuova complessa realtà: lo stravolgimento delle tappe che il bambino deve superare per arrivare all'età adulta lungo il cammino io-famiglia-scuola-società-mondo del lavoro. I mutati rapporti nel contenitore familiare, la precoce e indiscriminata esposizione a ogni genere di notizia del mondo degli adulti attraverso i media, la disattenzione dell'organizzazione del lavoro verso i bisogni della famiglia rischiano di far scomparire l'infanzia, appiattendone la durata e costringendo il bambino a entrare troppo presto, intorno agli undici-dodici anni, in una preadolescenza difficile e turbolenta, e a prolungare oltre tempo l'adolescenza, ritardandone l'entrata nel mondo del lavoro. Viene così a mancare quel filtro attraverso il quale il bambino imparava a conoscere gradualmente la vita affettiva, morale e sessuale dei genitori e, in generale, degli adulti, gradualità che gli dava il tempo di elaborare le proprie reazioni e di costruire la propria socialità attraverso il confronto con la scuola.

Anche il mestiere dei genitori, di conseguenza, sta profondamente cambiando. Oggi gli adulti devono far fronte a una maggiore responsabilità di mediazione, sostituendosi al venir meno di una crescita morbida, scomparsa che costringe il bambino a una maturazione accelerata e artificiale. In questo senso, assume sempre maggior rilievo anche la responsabilità formativa della scuola.

Ci chiediamo se saremo in grado di porre rimedio agli aspetti negativi della moderna tecnologia della comunicazione per conservare l'infanzia e rispettarne i bisogni. Famiglia e scuola sapranno contrastare da sole l'usurpazione dei loro compiti storici?

Le madri non sbagliano mai vuole in parte essere una risposta a questo fondamentale interrogativo.

Ogni nuova generazione è trasgressiva nei confronti dei genitori e della società: è un positivo contrasto con l'esistente per accrescere, come diremo, di nuove idee e nuove risorse l'orizzonte culturale, politico e morale del proprio paese e del mondo. Ma, a fianco di questa trasgressività positiva, nascono, fioriscono e tramontano numerose forme, più o meno gravi, di trasgressività negativa, che purtroppo spesso si rivoltano contro gli stessi giovani. Frutto di imitazione, di sollecitazioni negative della società? Frutto di noia esistenziale in una società senza una morale solida e senza futuro, in corsa verso un suicidio collettivo? O generoso tentativo di dare un'identità a un nuovo modo di vita?

Oggi, in un'epoca di trasgressività anomala, il Pianeta infanzia è spaventosamente disorientato. Questo libro vuole dare qualche elemento di speranza al bambino del Duemila, indicandogli qualcosa in cui credere.

[illegible] de [illegible]
ammesso, abbiamo [illegible]. Ora dirò quello stesso [illegible]
[illegible] più esatto, non [illegible]
tipo di una classe media [illegible] che [illegible]
[illegible]
[illegible]
[illegible] della [illegible].

Un [illegible] per [illegible]
[illegible] tecnica, e [illegible]
[illegible]
[illegible]
[illegible]

[illegible] nella [illegible]
[illegible] intelligenza.

Ogni nuova generazione [illegible]
[illegible]
[illegible]
[illegible]
[illegible]
[illegible]
[illegible]
[illegible]
[illegible]
[illegible]
[illegible] di fare [illegible]
[illegible]

Oggi [illegible]
[illegible]
[illegible]
[illegible]

1.

I membri della famiglia

LA MADRE "NATURALE"

La madre riuscirà a trasformare con successo la fame in soddisfazione, il dolore in piacere, la solitudine in compagnia, la paura di morire in tranquillità.

W. R. Bion

C'è intorno alla donna incinta e al suo frutto che cresce una specie di aura isolante che rende sempre ricco di fascino questo misterioso processo vitale, benché se ne conoscano ormai quasi tutti i particolari neurofisiologici e psichici.

Mi trovo d'accordo con le madri che non vogliono conoscere in anticipo il sesso del neonato, ma consiglio di seguire passo a passo gli esami richiesti dagli ostetrici durante il periodo di gravidanza, ecografia compresa. È importante, in ogni caso, che la madre riesca a chiudersi in una sorta di dialogo con l'essere che cresce, e che dipende totalmente da lei.

E la nascita? Nelle mie lezioni ho sempre sostenuto che la vera nascita ha luogo verso la terza settimana dopo il parto. In questi primi giorni di vita, la diade madre-figlio costituisce, infatti, un'entità a sé. Il ritmo dei rapporti è ancora fetale: uno chiede e l'altra risponde con messaggi subliminali che solo loro capiscono; poi, a poco a poco, la madre comincia a dare significato ai "segnali fisici" del bambino e, tra la terza e la quarta settimana, parte il "computer umano" e la madre inizia a creare la "mente" di suo figlio: ecco la radice oscura e affascinante della nascita dell'intelligenza umana. Scoprire e svelare questo segreto è stato il più grande regalo che gli scienziati abbiano fatto alle donne. Ed è proprio in seguito alle recenti scoperte che si devono ricordare alcune regole pratiche fondamentali: se per ragioni mediche, subito dopo la nascita è necessario il monitoraggio o l'incubatrice e la madre rimane separata dal neonato, deve fare in modo di mantenere nei limiti del possibile il contatto fisico e olfattivo con il figlio.

Così, dopo il parto, la madre deve avere subito il neonato vicino a sé, in silenzio, da sola o in presenza di un padre felice e rassicurante, per prolungare il ritmo fetale fino al termine del primo mese di vita del neonato. È un ritmo ricco e stimolante di scambio, con una sincronicità e reciprocità perfette per quanto riguarda i bisogni, i tempi, gli stati del bambino. Madre e figlio "si capiscono" e "si sentono" attraverso un loro "codice privato". Subito dopo inizieranno i pianti di disagio, di protesta, di richiamo: sono i primi tentativi di socializzazione.

La scienza moderna è giunta a recuperare, pur rivisitandoli, valori e abitudini tradizionali, in particolare per quanto concerne il rapporto madre-figlio dalla gravidanza ai due anni del bambino. Consiglio alla madre di mantenere sempre, e il più a lungo possibile, un contatto pelle a pelle con il figlio, e di non profumarsi, dato che il neonato ha un olfatto molto sensibile e riconosce l'odore del latte che emana il corpo materno.

Se la madre è calma e rilassata, giunge facilmente a stabilizzare i cicli di sonno e veglia, fame e sazietà. Parlare, cantare, cullare, ecco il segreto per stabilire un giusto ambiente di crescita.

Nel primo anno emozioni e sentimenti sono l'alimento della vita affettiva del bambino: è dal loro intreccio che nasce la capacità di amare e di essere amato. Il linguaggio dei sentimenti precede quello della parola. Ed è attraverso lo sviluppo affettivo che il bambino impara a poco a poco a pensare e a parlare.

Per madre serena e rilassata intendo una donna che lascia agire i propri istinti materni, tenendo sempre presente che i bambini nascono uno diverso dall'altro e il clima familiare che li accoglie è sempre differente da figlio a figlio. Essere serena e rilassata non è sempre facile, date le molte preoccupazioni di questa prima fase. La madre si chiederà: "Come potrò evitare le frustrazioni e i traumi psichici? Quando potrò ritornare al lavoro? A chi lascerò il bambino? All'asilo, ai nonni, alla baby-sitter? E, in questo caso, sarò in grado di sopportare il peso finanziario?".

Per quanto riguarda il distacco dal neonato, bisogna ricordare che dal terzo mese aumentano rapidamente i riflessi condizionati: il piccolo comincia ad adattarsi facilmente ai ritmi dell'ambiente e all'assenza della madre – soprattutto se gli intervalli di presenza-assenza sono abbastanza regolari –, abituandosi così alle differenti fasi della sua giornata. Quindi, dal terzo mese in poi, la madre potrà tornare a lavorare con tranquillità.

Per quanto riguarda l'asilo nido, poi, è auspicabile che esso sia moderno e organizzato secondo le tecniche più specializzate, non solo nel campo fisiologico, ma soprattutto in quello psicologico. La mia preferenza va ai nidi aziendali, dove la madre può di tanto in tanto vedere il bambino, anche per soli cinque minuti, durante il lavoro. Inoltre, un consiglio sul quale insisto moltissimo è che, prima dei dodici-diciotto mesi, i genitori, ma soprattutto la madre, non lascino il bambino per più di tre-quattro giorni di seguito, neppure ai nonni.

Vorrei ricordare come, tra gli anni quaranta e cinquanta, si è molto sottolineato il problema della carenza materna – quantitativa e qualitativa –, evidenziato dalla guerra (campi di concentramento, evacuzione dei bambini per i bombardamenti, orfani di guerra ecc.).

È in base a questi studi che ci siamo impegnati per l'eliminazione degli orfanotrofi, la sostituzione delle istituzionalizzazioni dei bambini orfani o poveri con altre forme di assistenza, la lotta contro la nursery negli ospedali dove – e succede ancora – il neonato viene portato alla madre solo per l'allattamento, la lotta contro l'ospedalizzazione senza la madre fino almeno ai dieci anni.

Per evitare ai bambini questi traumi psichici della prima e seconda infanzia, abbiamo, nel corso degli anni, fissato e divulgato una serie di principi e consigli pedagogici secondo noi fondamentali.

D'altro canto, per sfuggire alle frustrazioni, al "proibito qui", "proibito là", "questo sì", "questo no", ai continui ordini e alle relative punizioni, si è attraversato un periodo di permissivismo estremo da parte dei genitori. Prima della guerra, nelle classi sociali dove dominavano i principi della pediatria tedesca (abitudini stabili di vita, fissità di orari, rigidità nei rapporti genitori-figli), si passò in un breve arco di tempo a un regime molto più libero; anche nelle classi operaie, dove si era fino allora seguita più saggiamente la tradizione, cominciò a diffondersi una pericolosa "incertezza permissiva", di cui vedremo in seguito le gravi conseguenze, accentuate dal netto miglioramento delle condizioni economiche.

Negli ultimi due-tre decenni, in molte scuole scientifiche che avevano sposato tale estremismo pedagogico (da me mai condiviso), si è verificata una revisione di queste idee, e si è giunti alla conclusione che l'alternanza di frustrazioni e gratificazioni è fondamentale per la crescita armonica dei figli.

Educare – non lo diremo mai abbastanza – deriva da *edu-*

cere, cioè guidare senza soffocare: affetto e rimprovero, insomma, hanno uguale importanza.

Ricordiamo tuttavia che, qualunque sia l'atteggiamento educativo adottato, la madre non deve mai dire al bambino che non gli vuole più bene; meglio la faccia arrabbiata (mai truce), o una buona sculacciata, anziché la minaccia di privarlo del proprio affetto, che potrebbe essere traumatica. L'ammonizione dovrà perciò essere breve e il genitore non dovrà tenere a lungo il broncio. Tutto questo appare naturale alle madri istintive che, in fondo, scopriranno di averlo sempre saputo.

Ma è necessario entrare più specificamente nel merito dei limiti del rapporto tra gratificazione e frustrazione nei diversi momenti educativi. Sono fermamente convinto che una madre capace di armonizzare l'istinto materno con alcune forme di tradizione familiare e con certe nozioni culturali, ormai indispensabili, apprese da libri o riviste, sia una madre che "non sbaglia mai".

Molte donne, per mancanza di conoscenze, eccessivo attaccamento a tradizioni superate o, al contrario, per troppo intellettualismo, possono sbagliare, ostacolando, sminuendo o addirittura bloccando il rapporto pedagogico che definiamo "compatibilità figlio-genitore".

Analizziamo meglio come si caratterizza una "madre naturale", che è in grado di amalgamare armonicamente le tre istanze di istinto-cultura-tradizione.

Una madre siffatta si pone come controfigura del figlio che vuole dialogare e che esige la sua presenza anche quando non sono fisicamente vicini. A questo proposito, fate attenzione! Non dimenticate che la madre si sente sempre colpevole se il figlio, che magari sta giocando in cortile o nella stanza accanto, si ferisce o si ammala; se, più in generale, il bambino è disturbato, se dice parolacce o se lei stessa non riesce a rispettarne i ritmi. Si sente, insomma, contemporaneamente sua schiava e padrona. È lei che per prima si accorge dei disturbi dei figli – le piccole disfunzioni organiche, i ritardi di sviluppo, anche se lievi, e i disturbi psicologici della crescita. Perciò, fanno male quei pediatri che ne sottovalutano l'ascolto. Dovrebbero sì tranquillizzarla, ma tenendo conto dei suoi dubbi, entrando nella sua ottica, invitandola e indirizzandola a fare gli accertamenti necessari in caso ci sia un problema effettivo.

Sono tante le cause che spingono a vivere negativamente la gravidanza, il parto, la semplice notizia di aspettare un bambino: la giovane età della coppia, l'inizio della carriera, forti contrasti matrimoniali, la paura della gravidanza stessa, le ansie su possibili malformazioni e malattie ereditarie e così via. È difficile, tuttavia, che tutto questo sfoci nella trascuratezza o in scarso calore affettivo; nella maggior parte dei casi avviene che alla nascita si verifichi una specie di ipercompensazione di questi sentimenti di colpa, che si trasformano così in iperprotezione, perfezionismo, eccesso di cure, di presenza e calore. Al riguardo, penso che la non accettazione sia inizialmente molto più frequente di quanto non si creda ma che non abbia alcuna conseguenza diretta sul figlio se le madri lasciano lavorare la propria naturale istintività, gioendo pienamente e con orgoglio di quello che hanno creato.

Torno comunque a ripetere alla madre, la quale, soprattutto quando ricomincia a lavorare, si sente sempre in colpa, di tranquillizzarsi: sono convinto che il tempo dedicato al lavoro non danneggia il figlio, purché:

– quando ritorna, abbracci, baci il neonato e gli altri eventuali bambini, e sia tutta per loro per almeno quindici-venti minuti; non telefoni, non riordini la casa e non mostri di avere altri pensieri; i figli, infatti, si condizionano facilmente ai ritmi materni, se sono regolari abbastanza; i bambini hanno una sorta di orologio psichico, e cominciano a piagnucolare proprio qualche minuto prima dell'ora del rientro, per poi aprirsi in grandi sorrisi all'apparire del volto in assoluto più amato e più atteso

– segua personalmente le manipolazioni più o meno giornaliere (bagno, capelli, unghie ecc.)

– sia lei a somministrare al neonato, se possibile fino ai due anni di vita, almeno due pasti al giorno

– dopo i due anni d'età, il figlio deve conoscere il posto di lavoro della madre e, più tardi, anche quello del padre; ciò aiuta a compensare il vuoto provocato dalla lontananza fisica.

La madre che lavora può danneggiare solo se stessa perché, se non è convinta di quanto ho detto, vive sempre sotto stress: pensa al figlio e ai bisogni della casa anche durante il lavoro, ritorna a casa affannata, fa una spesa arruffata e congestionata, e pur cercando aiuto è gelosa di chi l'aiuta.

Tengo molto che ci si ricordi sempre di una mia ferma convinzione, pur non dimostrabile scientificamente: le madri, anche senza parlare, trasmettono tutto al figlio, non solo fino all'adolescenza ma per tutta la vita; devono quindi pensare al figlio sempre in senso positivo, altrimenti egli se ne accorgerà. È necessario credere in lui, trasmettendogli fiducia nella sua riuscita e nella sua crescita positiva, soprattutto durante le crisi evolutive, che sono punti cruciali e disarmonici dell'evoluzione cognitivo-affettiva.

La madre è comunque fortemente strutturante per natura, sa adattarsi più facilmente del padre alle diversità temperamentali del bambino, e riesce quasi sempre a modificare se stessa in funzione di tali diversità. Concretamente, è lei che "fa famiglia", è lei la vera "manager", e i figli lo sentono.

Da qui nasce il sofferto e quasi sempre viscerale senso di responsabilità materna nel saper accettare e aiutare il figlio a diventare se stesso, nel sostenerlo con calore nella sua ricerca di autonomia all'avvicinarsi dell'adolescenza.

Ora sarà importante anche evidenziare alcuni tipi di madre che si discostano dalla mia "madre naturale", felice sintesi di istinto-tradizione-cultura. Lascio a voi scoprire a quale di questi pensate di appartenere, o se vi sembra di racchiudere in voi diversi caratteri.

Ecco dunque alcuni tratti distintivi, ampliati nella loro definizione da alcune sfumature:

- la *madre ansiosa*, insicura, è sempre preoccupata di sbagliare e timorosa che succeda qualcosa al bambino; lo abbraccia tesa guardandolo sempre con intensità indagatrice, pronta a riconoscervi i segni di una malattia; la risposta del piccolo, inevitabilmente, si manifesta con un continuo stato di eccitazione, una continua richiesta di "perché" rassicuranti, e in uno stato di profonda instabilità nelle sue varie attività

- la *madre disforica*, caratterizzata da rapidi cambiamenti di umore e, quindi, di modalità di rapporto, alternando accettazione e rifiuto, è sempre ambivalente nei confronti del bambino; questo atteggiamento può portare, nella prima infanzia, a un ritardo della oggettualizzazione e della maturazione dello schema corporeo; in tal senso, le manifestazioni più comuni nei bambini sono quelle di instabilità, insicurezza, indecisione, capricciosità e una certa tristezza

- la *madre ossessiva* e perfezionista, specie se intellettuale, si sforza di controllare la propria emotività e i propri slanci, e vorrebbe sempre applicare le regole apprese dai libri; il medico deve tenere conto che ogni sua parola verrà presa alla lettera e messa in pratica pedissequamente; tale madre, mancando di spontaneità, è molto efficiente ma poco indulgente; pensa al figlio come a un dovere, soffocandolo con ritmi alimentari troppo rigidi, severe imposizioni nel controllo degli sfinteri, precoci norme igieniche, limitazioni nei giochi, nelle uscite, e, più tardi, conflitti nella gestione delle pulsioni; talvolta, tutto questo può anche stratificarsi in una struttura fobico-ossessiva

- la *madre troppo passiva*, permissiva, astenica, che lascia fare per non impegnarsi, per non lottare, è vista dal bambino come assente, non disponibile, poco partecipe, egocentrica; a questo il piccolo reagisce con ansia, aggressività, instabilità, noia, apatia e desiderio di stare da solo; ne consegue, necessariamente, una resistenza alla socializzazione; aggiungerei che un'accettazione così passiva della realtà familiare costituisce spesso una forma camuffata di mancata accettazione del partner

- la *madre iperattiva*, caotica, poco metodica, si rivela allo stesso tempo stimolante e inibente, perché, comunque, prevarica sempre l'attività del bambino; si tratta di una personalità poco strutturata, immatura, spesso madre primipara e inesperta, che accetta consigli da tutti considerandoli però un po' inutili; ritiene la maternità un fatto puramente istintivo e, tra l'altro, è spesso irritabile e facilmente stanca; la sua influenza, non del tutto negativa, è però poco strutturante, e il bambino, essenzialmente instabile, oscillerà sempre tra uno stato di iperattività e uno stato di passività, sviluppando con gli altri rapporti abbastanza superficiali

- la *madre diva*, narcisistica, che resta sempre se stessa con il partner e con i figli, ritenuti suoi ornamenti, instaura con il bambino forti legami che si manifestano in una sua estasiata ammirazione nei suoi confronti; viene senz'altro idealizzata, con scarsa aderenza alla realtà, ma certo non dà sicurezza

- la *madre chioccia*, che pensa a tutto e a tutti, non trascurando mai il marito, è la "presenza" per antonomasia

- la *madre turbo*, simile ma insieme diversa dalla madre caotica, è sempre in movimento, piena di gioia, di salute, pronta a volgere tutto in positivo

- la *madre saggia*, sa attingere alla tradizione, che interpreta e verifica perché si sente sicura; anche se legge molto, lo fa per correggere, soltanto in parte, quello che le ha insegnato sua madre.

Quanti altri tipi di madre positiva ho incontrato nel lungo cammino della mia vita! Ma quando dico che "la madre non sbaglia mai", mi riferisco – e non mi stancherò mai di ripeterlo –, a quella sintesi armonica di istinto-tradizione-cultura. Una madre che non sbaglia, inoltre, può dare ancora di più se il marito-padre arricchisce con sicurezza e fiducia il contenitore familiare. Se poi anche i suoi genitori-nonni osservano con gioia e non criticano troppo il suo operato, e soprattutto la nonna si limita a piccoli consigli e si mostra orgogliosa della figlia "giovane madre", ella "riuscirà," come dice Bion, "a trasformare con successo la fame in soddisfazione, il dolore in piacere, la solitudine in compagnia, la paura di morire in tranquillità".

IL PADRE

In genere, quando si parla di "psicologia dei genitori", il sentimento paterno resta in secondo piano rispetto a quello materno. La ragione di ciò è evidente: esso non ha la forza primitiva e istintuale propria di quello della madre, non può competere con le sue radici biologiche, mentre invece rappresenta l'aspetto sociale implicito nel concetto di famiglia. Per questo motivo, la crisi della pedagogia familiare del Novecento, che è essenzialmente una crisi di autorità, ha investito in particolare il ruolo del padre, scardinando i vecchi schemi entro i quali si muoveva.

Consideriamo innanzitutto il sentimento paterno alla nascita di un figlio. Anche tale stato d'animo è di natura istintiva, ma, a differenza di quello materno, risponde all'istinto di conservazione della specie. Il padre è colto da un senso di sorpresa e di meraviglia nel sentirsi un creatore: la sensazione, che non ha potuto realizzare durante la gravidanza della donna se non in forma intellettualistica, ora si concretizza in una certa fierezza e in una maggior fiducia in se stesso risvegliando contemporaneamente un maggior senso di responsabilità e un vivo senso di protezione, entrambi così forti da provocare nei soggetti ansiosi delle vere crisi di angoscia. Non solo, ma l'uomo, sentendo di aver realizzato il proprio oscuro istinto di conservazione della specie, capisce di aver trasmesso una scintilla: e tutti sappiamo come all'appagamento di un istinto sano e sublime si accompagni sempre una situazione di maggior equilibrio.

Questo sentimento paterno è, in un certo senso, una delle manifestazioni più belle e sublimate del sentimento virile di potenza, che sarà ulteriormente rafforzato quando il figlio, con il passare degli anni, vedrà nel padre il suo nume tutelare, colui che può tutto, che sa tutto: il distributore di sicurezza e giustizia.

In realtà, attraverso i secoli e le trasformazioni, nulla è mutato di questo sentimento, se non il modo in cui si manifesta concretamente il senso di responsabilità e di protezione, come vedremo tra poco nel trattare le sue possibili deviazioni.

Analizziamo schematicamente le fasi in cui si sviluppa il rapporto tra padre e figlio.

Nei primi anni di vita, il fanciullo porta avanti il suo continuo lavoro di adattamento al mondo esterno prevalentemente attraverso il padre, sia nell'imitarlo, sia nell'accettarne o meno le imposizioni.

Educare – e continuerò sempre a ripeterlo – significa adattare pian piano la personalità del bambino al mondo adulto, contribuire a creare un nuovo e stabile equilibrio nel quale il figlio deve saper rinunciare a certe cose per ottenerne altre, subire frustrazioni e superarle, introiettando così il principio della realtà esterna.

Nel periodo che va dallo svezzamento ai sette-nove anni, il padre riveste un'importanza fondamentale (non dimentichiamo, tuttavia, che nel primo anno di vita è il rapporto con la madre a essere decisivo per una normale evoluzione affettiva del bambino). Quando tale rapporto è vissuto pienamente, il figlio ha la possibilità di sopportare senza gravi traumi la rottura della simbiosi con la madre, accettando completamente il mondo esterno.

Al settimo-ottavo mese subentra la crisi di angoscia, quando il neonato impara a vedere la madre come separata da sé. Proprio in questa fase, comincia a riconoscere una terza figura dominante: il padre. Tra gli otto e i dodici mesi la triade familiare appare agli occhi del bambino in tutta la sua chiarezza.

Da qui inizia a delinearsi a poco a poco la funzione del padre, che interviene direttamente nella fase in cui il bambino si appresta a scoprire il mondo, e, compiendo lo sforzo di adattarvisi, si pone in posizione difensiva e diffida di tutto (non a caso il bambino impara prima a dire "no" e poi "sì"). Il padre, dunque, si interpone tra la sua paura e il mondo esterno, diventando simbolo di sicurezza, nume tutelare, l'essere forte e amato che lo protegge. Di fronte a qualsiasi frustrazione subìta da estranei, grandi e piccoli, il bambino esclama: "lo dirò a mio padre!". È evidente, quindi, la necessità che il padre dia sicurezza in tutti i sensi e non solo in quello materiale, pur di pri maria importanza.

Verso gli otto-nove anni, poi, il padre stabilisce per il figlio il bene e il male, cioè i criteri di valutazione che corrispondono al significato di obbedienza e disobbedienza nei suoi confronti. Tutti noi ricordiamo come il nostro primo codice morale si sia formato sull'esempio dei genitori, ma soprattutto del padre.

In sostanza, l'insegnamento morale non è mai frutto di sermoni, bensì dell'esempio concreto: in questo consiste la grande scoperta della moderna psicologia dell'età evolutiva, che impegna ognuno di noi a precise responsabilità genitoriali. Il figlio, identificandosi con il padre, si impadronisce del suo codice normativo; poi, man mano che cresce, comincia a distaccarsi da un legame così stretto e diretto con le norme parentali, per acquisire un proprio codice morale, al cui centro, tuttavia, continuerà sempre a trovarsi l'esempio paterno. Sarà, cioè, il continuo contatto con il mondo esterno a mutare in bene o in male tale codice normativo, e spesso il ragazzo dovrà superare molte e dure lotte con se stesso per modificare le norme errate trasmesse da un padre autoritario, troppo punitivo, rigido, ormai non più sostituibile con un padre giusto, autorevole e amico. Chiaramente, il processo sarà ancora più difficile nel caso si debbano sostituire le norme di un padre immorale o addirittura delinquente con norme corrette e socialmente "buone".

Il vecchio adagio secondo cui la madre insegna ad amare e il padre a vivere trova qui senz'altro una conferma: il bambino, testimone del grande e complesso dialogo che si svolge tra il padre, la madre e la vita, impara la legge del vivere sociale. È quasi inutile sottolineare quanto gravi possano essere per il figlio le difficoltà di adattamento causate da un'eventuale assenza della figura paterna, o da una sua presenza negativa.

L'assenza del padre, anche se determinata da morte, prigionia, divorzio ecc., può da un lato provocare un forte senso di insicurezza, e dall'altro interrompere quel processo di identificazione che, come abbiamo detto, si rivela fondamentale per la formazione del codice morale (avremo modo di parlarne più a lungo trattando della separazione e del divorzio). In questo senso, però, non è pericolosa soltanto l'assenza reale del padre, ma anche quella spirituale-psicologica.

Nei ricordi retrospettivi di molti giovani, la figura paterna è sentita come assente o addirittura inesistente. Spesso si manifesta il rimpianto di non aver potuto trarre beneficio da un padre forse meraviglioso, perché la madre litigava sempre con lui. In altri casi si ricordano padri che, svilendo il rapporto materno, anteponevano al figlio il lavoro per giustificare la propria assenza dalla vita familiare; oppure, fatto ancora più grave, padri che disertavano i colloqui scolastici senza capire che la scuola costituiva l'aspetto principale della vita formativa dei figli, i quali, constatata la distrazione paterna, non riuscivano a impegnarsi con energia ed entusiasmo. Normalmente, a questo disinteresse si accompagnavano reazioni colleriche del padre di fronte alle pagelle e ai voti. È importante ricordare questi possibili errori, che dovrebbero essere evitati da un padre davvero moderno: scuola, lavoro dei genitori, tutto ciò concorre all'armonia del contenitore familiare, che ha l'assoluto diritto di precedenza su ogni atto del singolo. Le diverse componenti della vita di ogni membro della famiglia devono tendere ad armonizzarsi, nel reciproco interesse e rispetto. Queste mie affermazioni si basano, ahimè, sul solito ritornello che tante volte mi sono sentito ripetere nel corso delle mie consulenze: "Professore, ma io non ho tempo!".

Dopo questa breve panoramica generale, passiamo ora ad analizzare, più specificamente, le possibili deviazioni patologiche del sentimento paterno e del rapporto padre-figlio, che possono svilupparsi in eccesso – paternalismo-autoritarismo – o in difetto – debolezza. In entrambi i casi, i figli le avvertono in forma profondamente dilatata e ingrandita.

L'iperprotettività paterna, deleteria quanto quella materna, non è altro che la proiezione sui figli della propria ansia e insicurezza. Infatti, i padri chioccia che vogliono occuparsi di tutto sostituendosi al bambino portano all'estremo il senso di protezione già insito in loro, impedendo naturalmente quel sano processo che rende autonomo e forte il figlio, così indispensabile al suo inserimento nella società. Occorre ricordare che, mentre l'ansia materna può portare con sé aspetti positivi ed essere interpretata come frutto d'amore, quella paterna rischia sempre di essere trasformata dal bambino nel timore di pericoli reali, causando paure e insicurezze difficilmente rimovibili.

In città, per esempio, di fronte a una prima gita in bicicletta, sarebbe auspicabile che il padre, facendosi forza, si limitasse a dare con un certo distacco le norme generali di un comportamento prudente, impersonificando i motivi della ragione e non del cuore e lasciando invece al ruolo materno quella certa dose di sospiri (mai eccessiva, però!) e di apprensione che non faranno certamente male... E così in molte altre occasioni.

È altrettanto importante, tuttavia, che un padre apprensivo non esageri in senso contrario sottovalutando una situazione difficile e complicata. Fra breve, infatti, vedremo come tutto ciò sia controproducente: il padre deve in ogni caso sforzarsi di dare un proprio giudizio sulla realtà esterna nella forma più obiettiva possibile, e cercare di agire di conseguenza.

Per ogni padre apprensivo, purtroppo, ce n'è sempre un altro despota, che abusa della propria autorità. Parlo qui specificamente di autoritarismo e non di autorità, che invece, come abbiamo già avuto modo più volte di notare, è una condizione necessaria allo sviluppo del bambino e al raggiungimento della sua maturità.

Dal padre despota a quello crudele, poi, non vi è che un passo. Alcuni padri svalorizzano costantemente la madre, imponendo un formalismo così rigido da trasformare l'educazione in conflitto. E l'educazione, non costituendo più il frutto di una collaborazione fra genitori e figli, diventa una vera e propria prova di forza. Padri stanchi e affaticati, imponendo il silenzio con il terrore, soffocano, con il pretesto del dovere e del rispetto, ogni desiderio, ogni spinta di libertà e indipendenza, e trasformano la famiglia in una caserma senza amore. Aperto o latente, il conseguente conflitto pedagogico tra padre e madre porterà a un incapsulamento grave della personalità del fanciullo, e più tardi a una aperta e grave sindrome d'opposizione con possibile scatenamento di atti antisociali.

Uguale danno, se non più pericoloso, compie il padre debole, carente, che lascia fare, che delega tutto alla moglie. Ciò sovverte completamente il piano di maturazione affettiva del figlio che, come abbiamo visto, trova nell'autorità e nella forza paterne quell'elemento di sicurezza che costituisce il fattore essenziale per il suo futuro equilibrio. Spesso il padre debole giustifica il suo comportamento come bisogno di essere padre-amico, posizione di cui analizzeremo in seguito la fragilità.

Degna di tutta la nostra comprensione sarà, invece, l'inevitabile reazione di difesa del bambino nei confronti di quel padre incoerente che un giorno permette un'azione e il giorno dopo la proibisce, oppure del padre disforico che riconduce il suo assenteismo a vari e contrastanti disturbi dell'umore, oscillanti tra tristezza e depressione.

Oltre alle vere e proprie deviazioni del sentimento paterno, i cui danni sono evidenti, esiste anche, purtroppo, l'assenza virtuale del genitore.

Nella moderna società capitalistica, l'economia familiare porta il capofamiglia a lavorare troppo; nelle grandi città, il tempo dedicato al figlio molto spesso è ridotto allo spazio serale. Uno spazio nel quale il padre, perennemente in lotta contro stress, tensioni psichiche sempre maggiori e continue frustrazioni, si presenta stanco, irritato e con un solo desiderio: essere lasciato in pace! In queste condizioni, non può certo esercitare al meglio la funzione che gli compete. Può facilmente accadere che elargisca pochi sorrisi, poca serenità, si lamenti di piccole cose, si irriti per un giudizio scolastico mediocre e non sappia gioire di uno positivo, oppure che ceni in fretta per dedicarsi subito dopo al giornale o alla televisione, ottimi mezzi per eliminare anche quella parvenza di dialogo che avrebbe potuto instaurare con il figlio. Se poi in casi del genere anche la madre lavora, l'unità familiare ne riceve un forte contraccolpo.

Il più delle volte, dunque, il padre assente, anche nei pochi momenti in cui c'è, si rivela ipercritico e devalorizzante. Vedendo soltanto gli elementi negativi del figlio, non fa niente per nasconderli, anzi, li sottolinea: "sei un mediocre", "non sai far questo", "non sai far quest'altro" ecc. Questo atteggiamento, abbastanza comune nella piccola e media famiglia borghese, è ormai sganciato dalla vera e propria lotta per la vita, ed è piuttosto da ricondurre alla profonda crisi spirituale del nostro secolo.

Ogni generazione si crede sempre al centro di una crisi: "è la sua piccola vanità" dice Robin. E in fondo è vero che ogni generazione affronta un particolare aspetto critico della realtà, che presenta sempre nuovi problemi di adattamento, più o meno gravi a seconda dei vari periodi storici.

In particolare, abbiamo già visto come il Novecento abbia messo in crisi proprio il principio d'autorità, creando con ciò gravi scompensi alla famiglia. Di fronte a questo, i genitori si sono in qualche modo "arresi", rinunciando alla loro funzione educativa e scivolando per reazione in un permissivismo eccessivo, del quale ormai sono chiari tutti gli aspetti dannosi. Si è così approdati a una più saggia e oculata posizione pedagogica: quasi tutti hanno finalmente capito che il bambino impara meglio e più velocemente a prendere decisioni all'ombra del padre. Quindi, d'accordo, facciamone pure dei piccoli uomini, ma rispettiamo la biologia che ha fatto dell'uomo l'essere che proprio nell'infanzia è più bisognoso di quell'aiuto che cerca e chiede a chi lo circonda. In particolare il padre, dunque, dovrà riprendere in mano le redini educative, conscio della propria importanza e della propria responsabilità.

La pedagogia familiare tende, inoltre, a obbedire al principio di complementarità: la madre come elemento intuitivo e passionale, il padre come elemento di equilibrio; la madre, per usare una metafora, ministro degli interni, il padre ministro degli interni e insieme ministro degli esteri. L'una l'amore, l'altro l'autorità amorevole e razionalizzante.

Da parte del padre ci vuole uno sforzo continuo nell'ascoltare e nel cercare di comprendere quello che filtra attraverso la sensibilità del fanciullo e della moglie: solo così è possibile porre in giusta prospettiva il problema dell'autorità secondo il suo vero aspetto psicologico e affettivo. Il padre non deve mai dimenticare che l'autorità sui figli non è un suo diritto ma soltanto una condizione necessaria allo sviluppo del bambino. L'autorità, quindi, ha valore solo nella misura in cui si eserciterà per venire incontro ai bisogni del bambino, condizionandone l'equilibrio e tenendo sempre conto delle differenze d'età e di carattere.

È importante insistere sulla distinzione tra autorità e severità. L'autorità di cui parlo non deve impedire al padre di giocare con i figli piccoli in totale libertà, di sfidarsi a tennis, di discutere di ogni argomento con gli adolescenti, in posizione paritaria e senza veti. L'autorità, insomma, dev'essere il frutto di qualità morali e intellettuali, non formali. Solo in questo senso va inteso il binomio autorità-amore, e i concetti di padre-amico e padre-fratello, così accattivanti, coinvolgenti, ma pericolosi se fraintesi e malinterpretati. Proprio l'armonica sintesi di autorità e amicizia deve costituire il motivo dominante su cui impostare la pedagogia paterna: autorità non intesa come diritto divino, ma risultato di una comprensione psicologica dei bisogni del proprio figlio.

Se facessimo metà dello sforzo che facciamo nel comprendere la psicologia dei nostri superiori o dei nostri inferiori sul piano professionale, per meglio accordarci con loro, e, nel caso dei subalterni, per usare meglio la nostra autorità, se facessimo, appunto, uno sforzo simile, capiremmo molto più facilmente i nostri figli nei loro momenti di opposizione, che possono rivelarsi lunghi e faticosi, e non reagiremmo solo con la collera e l'intolleranza.

In realtà, vi assicuro che non è poi così impossibile mettere in pratica questo concetto di autorità amorevole, o psicologica. Fare il padre è come costruire una lunga carriera, che va faticosamente conquistata. Ricordiamo, tuttavia, che se, come abbiamo detto, è difficile che una madre sbagli, se è vero che, anche qualora sbagliasse, le conseguenze non sono in generale così gravi, gli errori del padre possono essere decisamente più devastanti. È assodata, ormai, l'importanza fondamentale dei genitori per la crescita del bambino: l'equilibrio, la serenità, la dirittura morale dei figli sono nelle nostre mani, e da loro, una volta raggiunta l'adolescenza, saremo giudicati non solo come educatori ma anche come cittadini.

Concludiamo ricordando alcune tipologie di padri problematici, in alcune delle quali forse potrete riconoscervi e trovare lo spunto per indirizzare il vostro comportamento verso quell'autorità amorevole che auspico come fondamento dell'ottimale figura paterna.

La deviazione del sentimento paterno può portare a un padre:

– paternalistico, iperprotettivo
– autoritario, piccolo despota o tiranno, padre-amico
– passivo, virtualmente assente, spesso nevrotico
– instabile, disforico, incoerente
– depresso, ansioso, distaccato
– non accettante, ipercritico, poco sociale (crea distacco)
– ipercritico, devalorizzante (che umilia)
– stanco, irritato, tutto poltrona e Tv, con vari e/o diversi sopraddetti difetti.

E per dare un piccolo contributo a questa eventuale correzione di rotta, ecco una serie di suggestioni, schematiche ma efficaci.

Decalogo del padre ideale:

1. Essere se stessi e non "sepolcri imbiancati"
2. Essere disponibili nel gioco, nella discussione, nell'ascolto
3. Dare esempio di autocontrollo e di intransigenza sul piano morale
4. Dare sicurezza nelle piccole e grandi cose, per insegnare loro a vedere l'essenziale nei fatti positivi e negativi della vita
5. Non essere padre infallibile, ma padre che "alla fine" troverà una soluzione ai problemi della vita
6. Mantenere il segreto delle confidenze dei figli dopo i dieci anni, anche con la moglie, se i ragazzi lo desiderano
7. Essere autorevole e non autoritario, creando la stima con l'esempio
8. Controllare il proprio temperamento con i figli, esattamente come con gli estranei
9. Mostrare armonia, stima e concordanza pedagogica con la moglie davanti ai figli
10. Rendere almeno la cena un punto d'incontro per la famiglia, dove si possa conversare senza interferenze esterne

I FIGLI

I figli sono uno diverso dall'altro. Sembra un'affermazione ovvia, ma occorre ricordarlo sempre e con chiarezza: ogni bambino nasce con un proprio temperamento.

Per temperamento intendiamo l'insieme delle istanze biologiche e genetiche, i cosiddetti istinti, che guidano le prime reazioni dell'individuo verso l'ambiente. Il temperamento ha un ruolo attivo nello sviluppo del bambino e ne determina in gran parte lo stile comportamentale futuro. Ma è dall'incontro del temperamento con le condizioni ambientali – la famiglia e la società – che nasce l'Io: la sensazione, cioè, di essere un'unità distinta dal mondo esterno. L'Io mentale memorizza la sensazione di unità, e l'adattamento al mondo esterno avviene attraverso un processo di interazione tra questo Io e l'ambiente circostante.

Frutto di tale processo è quello che definiamo, in campo dinamico, carattere: la base biologica e quindi temperamentale che, durante il periodo evolutivo, si plasma a poco a poco attraverso uno scambio dialettico tra l'Io e il non-Io (mondo esterno), tra il soggetto e l'ambiente. Già da questa definizione emerge l'indissolubilità dell'elemento sociale dell'Io, che caratterizza il concetto di persona. Carattere e personalità, dunque, si identificano come un "modo di essere" nel mondo, in un dato momento della nostra vita.

Il carattere è la sintesi dei meccanismi di adattamento all'ambiente. Nel processo di adattamento si possono individuare due momenti diversi:

a) il soggetto assimila la realtà esterna e, in base al suo temperamento, modifica se stesso in sua funzione

b) il soggetto cerca di modificare la realtà esterna per adattarla a se stesso.

Prende così avvio il processo di sviluppo cognitivo e di socializzazione: l'evoluzione da uno stadio passivo a uno stadio oblativo, dalla dipendenza all'autonomia, dall'egocentrismo al vivere con gli altri (prima e seconda infanzia: da zero a quattro anni circa).

I genitori, se il più delle volte sono in grado di descrivere con precisione i comportamenti e le caratteristiche dei figli, confondono però spesso il temperamento con il carattere. Sul piano educativo, tuttavia, ciò ha poca importanza, dal momento che le istanze primitive innate vengono modificate dall'Io lungo l'intero corso dello sviluppo.

Già dalla prima e seconda infanzia, è possibile distinguere quattro tipi di bambino:

- facile (30%)
- difficile (10%)
- con reazioni lente (notate dai genitori senza eccessive preoccupazioni; 20%)
- normale (che non desta la minima notazione; 40%).

Queste quattro categorie generali si diversificano poi per varie caratteristiche: maggiore o minore attività motorica, più o meno regolare alternanza di attività e inattività, precocità o ritardo nella manipolazione dell'oggetto (quest'ultimo maggiore nel tipo ipotonico e minore in quello ipertonico), più o meno facile raggiungimento della ritmicità nei rapporti tra necessità biologiche e ambiente, maggiore o minore adattabilità alle novità e alle situazioni insolite, qualità degli umori, concentrazione o distraibilità, intensità delle reazioni lente improvvise a seconda della diversa sensibilità sensoriale – odorato, tatto, dolore, udito, vista (tipo visivo, tipo uditivo).

Tali diversità sono spesso così accentuate tra figlio e figlio, che il più delle volte (succede di solito con il secondogenito) vengono vissute con ansia e preoccupazione da parte dei genitori, i quali si sentono inadeguati e ricorrono ai libri, o si precipitano a chiedere consiglio ad amici o pediatri.

Dobbiamo, invece, saper attendere sforzandoci di individuare i sintomi e di analizzare le reazioni del bambino. Non dobbiamo mai dimenticare il nostro fondamentale ruolo di mediazione tra il giovane Io e il mondo esterno, e il fatto che proprio attraverso questa mediazione semplice e amorevole, costituita dall'alternarsi di gratificazioni e piccole frustrazioni, temperamento e carattere possono gradualmente modificarsi. Bisogna osservare ogni figlio senza confrontarlo con gli eventuali fratelli o con gli altri bambini, adattandosi al suo personalissimo stile: in genere tale atteggiamento viene spontaneo soprattutto alla madre, anche per questo diciamo che "non sbaglia mai!".

Occorre chiaramente valutare, rispetto alle variazioni di comportamento, l'influenza delle piccole e grandi interferenze negative, sia interne che esterne. Teniamo presente, tuttavia, che la gravità dell'interferenza è sempre proporzionale alla reazione negativa che produce sul genitore, al suo modo di viverla, alla paura con cui seguirà, da quel momento in poi, lo sviluppo psicofisico del figlio.

Ricordiamo alcune di queste interferenze negative.

Qualche parola di troppo di neonatologi e ostetrici di fronte a piccoli o discreti traumi della nascita può rivelarsi un'inutile crudeltà. Il tecnico dovrebbe limitarsi a osservare, dare solo i consigli veramente necessari, non fare prognosi e cercare, per quanto gli è possibile, di essere rassicurante. Involontariamente, infatti, rischia di spezzare quella diade madre-figlio così importante per uno sviluppo normale, poiché è sufficiente un piccolo dubbio a incrinare la sicurezza materna e, di conseguenza, a distorcere in modo irrimediabile il suo rapporto con il figlio. In questi casi la madre rivolge la sua quotidiana attenzione non tanto alla crescita del bambino, quanto alla sua "anormalità", intuita fra le righe del tecnico incauto. Questa è una delle interferenze negative più frequenti nei confronti di bambini perfettamente sani.

Altre interferenze possono essere costituite da alcune malattie della prima e seconda infanzia, specie se necessitano di ospedalizzazione (anche se con la vicinanza della madre), dalla nascita di un fratello dopo i due anni, da un cambiamento di casa (anche nel corso dell'adolescenza), da eventuali malattie dei genitori, dalla morte di familiari, dalla fuga o dall'assenza di un genitore, dall'ansia materna per il rientro al lavoro dopo il parto, e, soprattutto, da discussioni e contrasti genitoriali o, più in generale, tra i membri del contenitore familiare.

A queste si aggiungano le interferenze negative provocate

dalla scuola, di solito pedagogicamente inadeguata a svolgere la sua funzione. È interessante ricordare come fino alla Rivoluzione francese i docenti venivano chiamati "pedagogisti"; solo più tardi sono sopraggiunti gli "insegnanti", intesi come trasmettitori di cultura, a dimostrare che l'impegno formativo nei confronti delle nuove generazioni era scivolato in secondo piano. Mai come oggi, invece, la scuola dovrebbe recuperare la dimensione "formativo-pedagogica" a fronte di quella puramente "informativa".

Fra le interferenze negative si ricordino, poi, la separazione e il divorzio, particolarmente gravi quando i figli hanno meno di sette-otto anni. Oggi, in Italia, ci sono in media 40-50 mila separazioni all'anno, quindi dai 150 ai 250 mila bambini e adolescenti che ne subiscono le conseguenze. Data l'importanza del problema, mi riservo di parlarne in appendice, dove cercherò di dare alcune indicazioni che possano rendere a tutti più sopportabile tale trauma psichico.

Interferenze negative possono essere provocate da momenti particolari dello sviluppo che definiamo crisi evolutive. Questo è un concetto più clinico che scientifico, poiché l'esperienza dimostra come in tali periodi – non necessariamente ma molto spesso – leggere modifiche comportamentali rientrano assolutamente nella norma.

Cinque sono le crisi evolutive degne di nota:

– 8 mesi	crisi dello svezzamento o dell'oggettivizzazione
– 3/4 anni	crisi di opposizione
– 7/9 anni	crisi logico-morale
– 11/13 anni	crisi preadolescenziale o puberale
– 16/17 anni	crisi adolescenziale

La crisi dello svezzamento e quella logico-morale sono, da un certo punto di vista, le più significative.

Intorno agli otto mesi, il bambino prende coscienza del fatto che il mondo esterno è separato da sé: l'Io e il mondo. Di conseguenza, si percepisce separato dalla madre, e ciò rappresenta un momento fondamentale per la sua crescita.

Verso i sette-otto anni, come diremo trattando dello sviluppo cognitivo e affettivo, l'individuo giunge al concetto astratto come sintesi degli elementi essenziali e caratteristici di cose e persone: il nome "sole" viene concepito come staccato dall'oggetto "sole". In molti casi, tale potere concettuale è anche più precoce e a quest'età raggiunge la maturazione. Il bambino inizia a pensare per concetti acquisendo le facoltà del ragionamento logico dell'adulto. È quindi pronto a costruirsi una legge normativa basata non più, come prima, sull'esempio e l'identificazione con il padre, ma su nuovi principi: nasce così la coscienza normativa.

La maturazione di un proprio senso di responsabilità attraverso il confronto tra la legge normativa paterna e quella che inizia a conoscere grazie alle esperienze esterne (scuola, società ecc.), lo conduce al concetto di bene e male, frutto della riflessione su come le sue azioni siano state accettate, respinte o criticate dal mondo.

Con l'emergere di un proprio codice morale, prende forma concettuale il Super-io, che *in nuce* già preesisteva, e si arricchisce la sua esperienza morale: il bambino impara ad allargare l'imitazione ad altre persone, riconosce altri modi di vita e comincia a fare confronti. A poco a poco approda al concetto di valore, e organizza i valori acquisiti in una scala. Il bene e il male dipendono dalla sua azione e dalla sua responsabilità. Non deve più renderne conto al padre, ma alla sua coscienza, al suo Dio. Compaiono quindi le nozioni di peccato, di cittadino, di legge, delle norme che si devono rispettare per essere accettati dalla società e dagli uomini.

Perron, grande pedagogista francese, ha estrapolato una possibile gerarchia di valori studiando trecentodue bambini tra gli otto e i quattordici anni, di diversa classe sociale:

- buon accordo con i genitori
- gentilezza e buona educazione
- sincerità e onestà
- intelligenza
- diligenza (essere un buon allievo)
- responsabilità e volontà (essere un lavoratore)
- disponibilità nei confronti degli altri
- coraggio
- ordine e cura di sé
- autonomia (sapersela sbrigare da soli)
- sensibilità ai problemi degli altri
- buon rapporto con i compagni
- abilità manuale
- forza e robustezza (nei più giovani)
- bell'aspetto (nei più giovani)

Codice morale, nascita e sviluppo del senso di responsabilità sociale, ricchezza di acquisizione di nozioni e loro categorizzazione, possibilità di dialogare per concetti con altri uomini: è questo il quadro cognitivo-affettivo con cui il bambino affronta, all'inizio della prepubertà, la modalità del pensiero adulto, definito ipotetico-deduttivo, che consente la formulazione di ipotesi e la deduzione di conseguenze (il vino fa male, quindi è meglio non berlo).

Per i genitori, diventa ora più facile comunicare e discutere con i propri figli: l'emergere del pensiero ipotetico-deduttivo implica la nascita del potere critico, e la possibilità di prevedere le conseguenze di un'azione.

In questa delicatissima fase, ascoltare e conversare diventano, e saranno sempre, il cardine dell'educazione: più si complica il rapporto interfamiliare, accentuandosi l'incertezza e la variabilità dei comportamenti del preadolescente, più paziente, intelligente e malleabile dovrà essere il contenitore familiare.

Ora che abbiamo analizzato le principali interferenze negative, ci riesce più facile comprendere la vastità della gamma di differenze comportamentali e caratteriali che caratterizza il Pianeta infanzia, e la quantità di tipi caratteriologici identificabili al suo interno. Sarà utile prenderne in considerazione i più comuni, o almeno quelli che, generalmente, più impensieriscono i genitori.

Il bambino collerico. È frutto quasi sempre di imitazione ambientale. Lo stesso vale per il suo contrario, il bambino permaloso, che non riesce a passare sopra a un rimprovero, o a una pretesa ingiustizia (anche la madre è "musona"?).

Il bambino d'intelligenza precoce. I genitori, più o meno coscientemente, sono portati a ragionare con lui come se fosse un piccolo adulto rendendo difficile la sua socializzazione con i coetanei.

Il bambino sognatore. Il bambino vive il suo normale potere magico intorno ai tre, quattro anni, quando ogni pensiero può essere realtà; nel caso in cui tale potere continui a essere dominante anche oltre i sei, il bambino diventa un sognatore ("vive nelle nuvole", dice la madre). Spesso la fuga dalla realtà è provocata da quella che chiamiamo "noia amotivazionale", una scarsa motivazione allo studio causata, il più delle volte, proprio dalla scuola. È bene, tuttavia, non confondere il bambino sognatore con quello che si inventa un compagno immaginario, con il quale parla e litiga (molto spesso a tavola), sempre per errori che lui stesso ha commesso, che ammonisce e saluta. Questo gioco, strano e inconcepibile in uno sviluppo normale, è la reazione a momenti di abbandono e di solitudine, a esigenze di dialogo frustrate. Relativamente frequente nei figli unici tra i tre e gli otto anni, non deve impensierire. Non bisogna rimproverare né prendere in giro una piccola persona che sta cercando di aiutarsi con i soli mezzi che sente di avere a disposizione. In questi casi, occorre ascoltarla di più, condividerne i giochi, arricchirne gli interessi (hobby, piccoli lavori, sport) cercando di facilitarne la socializzazione.

Il bambino bugiardo. "Mamma, è caduto quel vaso... è stato il gatto a farlo cadere" (quattro anni). La mamma capisce ma non lo rimprovera: "Può capitare a tutti, a te e anche al gatto. Occorre solo fare attenzione, anch'io posso distrarmi e combinare guai". Il bambino sa che non è vero ma pensa che il genitore abbia capito che non l'ha fatto apposta. A tre-quattro anni ci sono già azioni intenzionali, ma non esiste ancora una separazione netta tra il mondo fantastico e la realtà; perciò le bugie sono ancora pseudo-bugie. Solo a sette-otto anni il bambino potrà concepire la differenza tra errore volontario e bugia. In quella prima fase (tre-sei anni) è il rimprovero a connotare la bugia in modo negativo; solo in seguito il bambino proverà comunque un senso di colpa, in quanto ha tradito la fiducia del genitore: così inizia a formarsi il codice morale.

La bugia nasce, quindi, come difesa da un castigo non meritato o presunto tale; sviluppandosi poi come senso di colpa o di inferiorità, può diventare anche una difesa nei confronti degli adulti, sentiti come un'intrusione nel proprio mondo intimo, ma spesso esprime la non accettazione della realtà familiare, troppo pignola e costrittiva. Talvolta, può nascere addirittura come gioco, come bisogno di camuffare la realtà, di crederla e farla credere, oppure di nascondere i sentimenti, considerati unicamente "propri". Può anche diventare un vero bisogno, una bugia cattiva, con un interesse, un fine pratico immediato. Nei casi in cui le bugie siano gravi, cioè danneggino altri (ma solo in questi casi), è necessaria una pronta punizione, che sia percepita come giusta. Negli altri casi, invece, è meglio credere al bambino, non essere intrusivi, evitare gli interrogativi frequenti, dargli fiducia e, nello stesso tempo, sicurezza.

Occorre poi che nell'adolescenza questo rapporto si risolva e si ristabilisca una fiducia autentica e reciproca tra i figli e i genitori.

C'è poi la mitomania – la tendenza a mentire sempre in certe circostanze – che è una menzogna immediata, senza elaborazione: una storia totalmente inventata, ricca di particolari, in cui il soggetto è vittima o eroe, può produrre reazioni falsate da parte dei genitori o degli insegnanti che ci credono. Chi le inventa è in genere una personalità immatura e suggestionabile.

Il bambino timido. Timido, solitario, introverso, insicuro, confuso, pensoso: questi sono i termini che indicano in modi diversi una difficoltà di socializzazione. Nella prima fase di formazione dell'istinto sociale, questi soggetti non riescono a prendere coscienza del loro valore e dei propri mezzi, e soprattutto non capiscono la disposizione degli altri nei loro riguardi.

Il timido, sentendosi anche solo osservato, si turba, si confonde, arriva a sudare, arrossire, balbettare, inibendosi sino a bloccarsi. Spesso (il più delle volte a scuola), c'è un impatto sociale che può provocare insicurezza e contemporaneamente ostacolare l'ambizione nel timido che sa di valere: il bambino, allora, si apparta, si chiude in se stesso e si rifugia nell'immaginazione. Se l'ambiente, percependo tale blocco, non lo aiuta, il timido può reagire attaccando e ridicolizzando l'avversario.

Bisognerà poi distinguere tra timidezza e introversione: il vero introverso, infatti, rifiuta la realtà esterna per stare in un suo mondo; non è insicuro o può anche non essere solitario, ma la sua è sempre una pseudo-partecipazione. Occorre assolutamente che la famiglia cerchi di facilitargli i primi successi in qualsiasi campo (sport, incarichi di fiducia, associazioni giovanili ecc.).

Risulta difficile per i genitori capire, dai sette-otto anni ai tredici-quattordici, se il figlio inibito, introverso, nasconda una lieve crisi depressiva. In questi casi, è necessario osservare bene in quale forma e a che grado si manifesti tale comportamento, e soprattutto quali siano i luoghi specifici in cui tale anomalia si presenti: se a casa, a scuola, o altrove.

Nel caso in cui la chiusura verso il mondo esterno sia completa e la comunicazione con i genitori si interrompa del tutto, il bambino sfugga lo sguardo, usi un linguaggio troppo povero per la sua età, sembri assente, si muova in continuazione come se avesse un prurito motorio, sfiorando i mobili con le mani, allora è auspicabile sottoporlo a una visita specialistica.

Il bambino pigro e il bambino annoiato. La vitalità si manifesta con il piacere dell'azione: la vita è dinamismo, è una fatica continua.

"Essere è lottare, vivere è vincere" (Daster), e la felicità è un'attività riuscita, uno sforzo che raggiunge il proprio scopo. Perciò, se un bambino tra i cinque e i dieci anni si dimostra pigro, soffre di noia, non cerca i compagni, bisognerà capire che cosa blocchi la sua vitalità istintiva, da che cosa dipenda tale blocco, e dove si manifesti maggiormente.

Dovete perciò analizzare la vostra vita familiare, indagando se nel contenitore-famiglia possano trovarsi i motivi della pigrizia e della noia del bambino, o se invece queste fughe nella fantasia siano più legate a fasi passeggere di maturazione. E se la noia, da cui la pigrizia dipende, fosse legata alla scuola? Diverse possono esserne le cause e le manifestazioni:

a) noia "amotivazionale", che si manifesta soprattutto in quei bambini precoci ai quali la scuola non offre stimoli sufficienti

b) noia reattiva a un isolamento scolastico che dipende da un difetto di socializzazione

c) noia come rifiuto di fronte alle prime difficoltà di apprendimento o a un insegnante particolare

d) noia come reazione alle difficoltà di fronte all'inserimento nei giochi con i compagni.

Una volta scoperto, il problema non è difficile da risolvere. Occorre, per qualche tempo, una maggior attenzione ai bisogni del bambino: bisogna aiutarlo e seguirlo nei suoi incontri, insegnargli i giochi dei compagni ecc. Solo così sorgeranno la gioia, l'interesse, una socializzazione felice.

Mentre scrivo, tuttavia, mi viene in mente un bambino-tipo più complesso del pigro: il soggetto astenico, il cosiddetto "nato stanco".

In alcuni casi, si manifesta in questi bambini una base costituzionale caratterizzata da un'accentuata astenia fisica. Verso gli otto-nove anni essi cominciano ad apparire abulici, *nonchalant*, annoiati; tali modalità comportamentali si accentuano verso gli undici-dodici anni, con l'insorgere delle prime attività erotiche: ciò che più colpisce è l'apparente disinteresse verso le cose e il desiderio di fare solo quello che costa lo sforzo minore, caratteristiche che contraddistinguono chi viene comunemente chiamato uno "scansafatiche". Molti di questi ragazzi sono freddi e apatici, rivelano poca risonanza affettiva e scarso senso religioso, in apparenza non si appassionano a nulla, né a una canzone, né a un film, e, pur non essendo privi di vita, di pensiero e di ideali, non vogliono lottare per questi e non prendono iniziative, accontentandosi di un conformismo puramente esteriore. Ciò nonostante, possono esserci in loro degli elementi positivi: in genere sono coraggiosi dinanzi ai pericoli e alle prove morali, hanno una buona stabilità di condotta, una certa fermezza e obiettività di giudizio, un certo equilibrio tra le parole e le azioni e una forte socievolezza. Ecco perché, anche se sono pigri, possono compiere da soli e bene i loro doveri sia scolastici sia professionali.

In linea generale si può dire che, data la loro freddezza emotiva, a nulla valgono, nei loro confronti, le sanzioni, le prediche, il proporsi come esempio usando i classici metodi disciplinari. Dopo i tredici anni servirebbe invece, benché succeda raramente, che qualcuno spieghi loro i lati positivi e negativi del loro carattere, e che a farlo *non* sia un genitore. È l'unico modo di affrontare, infatti, un problema che altrimenti sarebbe solo rifiutato o malinterpretato. È necessario perciò inserirli in un gruppo di amici con caratteristiche psicologiche complementari alle loro, attrarli in un lavoro collettivo concreto sfruttando la loro potenziale socievolezza. Una volta avviati in questa direzione, tali ragazzi si integrano nel gruppo e seguono ciò che viene loro proposto. Può essere ottimale, per esempio, l'inserimento negli scout, o in un qualsivoglia club di ragazzi del quale si conoscano a fondo i componenti e le finalità ludiche e sociali.

Il bambino aggressivo, violento. Tra i metodi educativi che più favoriscono l'aggressività, il più pericoloso è senz'altro quello autoritario (autoritario, e non autorevole), insieme a quello incoerente – proprio, cioè, dei genitori che oscillano tra autorità e permissivismo.

Educare significa guidare senza soffocare il temperamento del bambino, alternando soddisfazioni a piccole frustrazioni, in modo da abituarlo a non reagire solo con la ribellione o la collera a una frustrazione vera.

L'aggressività si acquisisce quasi sempre in famiglia o nell'ambiente di vita, oppure può essere la reazione a una frustrazione grave o ritenuta ingiusta. La violenza genera violenza, i maltrattamenti producono malvagità. È facilmente accertabile come certe modalità di punizione corporale creino popolazioni sadiche.

I mass media (giornali, libri, spettacoli, film ecc.) influiscono in modo determinante sulla violenza e sull'aggressività attuali, specie su quelle adolescenziali o della prima gioventù; tale influenza è particolarmente forte quando il processo di socializzazione è carente, il ragazzo non è giunto a riconoscere l'altro come uguale a se stesso e non sente, quindi, il dovere morale di non danneggiarlo e di sviluppare rapporti interpersonali e sociali empatici.

Personalmente, non ho dubbi che la responsabilità maggiore sia della Tv. Già nel 1989, una ricerca indicava che il 70 per cento dei programmi serali avevano un alto contenuto di violenza e coincidevano con il punto massimo di ascolto dei giovanissimi. Ora la situazione è ancora più grave: la Tv, banalizzando la violenza, la rende accettabile ai bambini, e gli adolescenti, in assenza di altri punti di riferimento culturali, arrivano a considerare la violenza stessa come mezzo di espressione vitale.

Senza dubbio, il messaggio violento e aggressivo della Tv può, in molti casi, rendere certi ragazzi addirittura "crudeli". I soggetti di questo tipo (per fortuna una minoranza!), che sono egoisti, indifferenti, cinici, psicologicamente deboli e suggestionabili, disimpegnati e senza motivazioni culturali, cercano facilmente il gruppo che li rassicuri e dia loro forza, di cui assimilano il linguaggio provocatorio e gergale; ma dato che nel gruppo è necessario primeggiare con le azioni – essere duri e violenti – si giunge spesso allo scatenamento della crudeltà (violenza negli stadi, violenza sessuale collettiva, vandalismo gratuito). A una violenza così pericolosa, in quanto fine a se stessa, è difficile trovare spiegazioni e giustificazioni partendo dal vissuto del soggetto.

Bisogna ricordare che quando il bambino dai quattro ai sette-otto anni si rivela precocemente aggressivo (rompe, lancia gli oggetti, tortura gli animali ecc.), lo sarà poi inevitabilmente anche con i compagni e, nel periodo adolescenziale, con gli stessi genitori, che incontreranno gravi difficoltà di comprensione. Se dunque il padre e la madre non riescono ad analizzare da soli questo bisogno di scarica aggressiva più o meno precoce, e una volta appurato che non è riconducibile alla sintomatologia propria di una crisi evolutiva, sarà necessario rivolgersi a un neuropsichiatra infantile.

Il bambino (ragazzo) ladruncolo. È chiaro che per accusare di furto un bambino bisogna capire se possiede già la nozione di proprietà: "Questo è mio e questo è degli altri, io rispetto quello degli altri e gli altri rispettano il mio". Qui mi limito a considerare i furti a carattere prevalentemente psicologico, che rientrano quindi nel campo educativo. Alla base di un tale impulso ci saranno forti insoddisfazioni e il rifiuto del patto sociale, la cui genesi è nostro compito indagare. Fin dalla prima infanzia, è necessario rispettare, nel figlio, il senso istintivo di possesso dei giocattoli (non toglierglieli gratuitamente, non spargerli per la casa, non obbligarlo a regalarli a fratelli e amici ma eventualmente invitare a farlo). Il giocattolo è un simbolo, un oggetto d'amore e, se gli viene sottratto, il bambino può sentirsi privato dei propri affetti, mentre andrebbe aiutato proprio quando è colto dalla sensazione di abbandono, di scarsa considerazione da parte degli adulti, di gelosia verso un fratello. È anche attraverso il giocattolo che egli scambia, traduce e valuta emozioni, sentimenti, frustrazioni, autostima: se gli viene tolto, egli può avere l'impressione che ci si sia dimenticati di lui, che non gli si dia ciò che gli è dovuto. Questa impressione, vera o immaginaria che sia, fa sì che il bambino si senta leso nei suoi diritti, e può portare a una rivendicazione o a un rifiuto del patto sociale. È per questo che di fronte a un piccolo ladruncolo dobbiamo prendere in considerazione la sua età, che cosa e a chi abbia rubato, se abbia utilizzato la refurtiva per un fine personale o se ne abbia reso partecipe qualche compagno.

Tale furto a condizionamento fondamentalmente psicologico ha due caratteristiche principali: il ragazzo ruba per reazione a una sua insicurezza interiore, per risolvere un personale problema affettivo, e non per l'oggetto in sé, che è simbolico e spesso non ha particolare valore; non è possibile operare delle distinzioni tra le varie classi sociali.

Spesso il furto è una reazione a un senso di colpa, che si accompagna a un desiderio di autopunizione attraverso il gesto antisociale. In altri casi, è il tentativo di compensare un senso di abbandono affettivo: viene utilizzato, cioè, come mezzo per richiamare su di sé l'attenzione dei genitori. È una modalità che si osserva soprattutto se la classe sociale di appartenenza è l'alta borghesia.

A questo proposito, ricordo la reazione di un ragazzo, figlio di una personalità importante, che, quando il giudice gli comunicò con dispiacere che doveva chiamare suo padre, esclamò, quasi con gioia: "Finalmente mio padre dovrà occuparsi di me!".

I ragazzi rubano anche per affermare la propria personalità o per superare un complesso d'inferiorità (il 30-40 per cento dei furti di adolescenti). Sono in genere ladruncoli recidivi, nel caso perduri il complesso psico-affettivo che li ha spinti al furto, ma sono anche i più facili da recuperare attraverso determinati tipi di psicopedagogia o psicoterapia.

Se il problema non si risolve prima, il pericolo, nell'adolescenza, diventa quello di un'amicizia pericolosa.

Il passaggio alla criminalità è raro e nasce da forti condizionamenti ambientali. Proprio per questo consiglio, di fronte ai primi furti, di non infierire, bensì di cercare di scoprire i conflitti del ragazzo, di ascoltarlo evitando di umiliarlo davanti agli altri e di trasformare la sua colpa in un problema familiare. Non bisogna mai coinvolgere la famiglia al primo manifestarsi di queste tendenze negative. Soltanto nel caso in cui il ragazzo persista nel furto e in un drastico comportamento trasgressivo, arrivando, per esempio, a rubare in casa di amici, è consigliabile rivolgersi al più presto a uno specialista.

Esistono, però, altre forme di furto, nelle quali i fattori determinanti suddetti (insoddisfazioni, rifiuto del patto sociale) assumono un peso diverso. Di solito sono da ricondurre al consumismo, al desiderio di possedere troppe cose, all'invidia per ciò che non si ha. Questi tipi di furto avvengono quasi sempre in casa, e mirano al superfluo: ciò che i genitori di solito negano. Tale atteggiamento non rifiuta il patto sociale ma, semplicemente, non lo prende in considerazione: in questo senso, appartiene al disimpegno di gran parte dei nostri adolescenti.

C'è poi il furto per soddisfare un capriccio, o inteso come sport: il taccheggio nei negozi o nei supermarket vissuto come un gioco, una sfida, magari per fare un regalo. Questo tipo di furto non deve preoccupare: è quasi sempre passeggero e praticato in compagnia. Spesso i genitori non ne vengono neppure a conoscenza, se non quando c'è un intervento dell'autorità giudiziaria.

In ultimo, qualche breve cenno sul furto più grave, quello "di necessità". Di natura criminale, è fortemente influenzato dall'ambiente: povertà, paura del futuro, insicurezza, mancanza del minimo indispensabile ecc. In questo caso, le motivazioni psicologiche sono molto diverse, e il problema è sociale più che educativo. Solo il mutamento radicale delle condizioni di vita del ragazzo (lavoro dei genitori, sicurezza familiare) potrebbe restituirgli un orientamento morale e sociale. Utili in questo caso possono rivelarsi l'attiva presenza formativa della scuola e, per esempio, l'incontro con sani gruppi di volontariato.

Il bambino (ragazzo) instabile. Volendo parlare del ragazzo instabile o iperattivo, il mio discorso si allarga e si spinge più lontano.

Prendo avvio dall'affermazione dell'Associazione psichiatrica americana, che definisce iperattivo un bambino quando presenta in forma evidente almeno otto dei problemi di comportamento riportati nel riquadro a pagina 38.

L'instabilità si esprime in vari modi: vivacità e allegria, turbolenza da vero Giamburrasca, armonico equilibrio del bambino ricco di iniziative, sconcertante disarmonia del tipo "insopportabile", automaticamente soggetto a gravi lacune nell'apprendimento scolastico e delle regole di vita sociale.

È chiaro che qui si escludono le instabilità psicomotorie da postumi di malattie virali, da ipovitaminosi, da iposideremia causata da medicinali, da esiti lievi di trauma cranico: queste sono, infatti, limitate nel tempo. Parliamo invece del bambino che fin dalla prima infanzia si rivela instabile senza motivi apparenti. Molte possono essere le cause: minime disfunzioni cerebrali, lieve ipoacusia, disturbi visivi, o problemi temperamentali istintivi. Senza dubbio, però, sempre acuiti da cause familiari (tensioni, depressione materna, iperprotezione, poca coerenza educativa dei genitori ecc.). Il risultato può essere un bambino poco adattabile, che "detta legge" in casa e in classe.

- irrequietezza motoria delle mani, delle gambe e di tutto il corpo
- difficoltà a rimanere seduto quando è necessario
- facile distraibilità di fronte a stimoli esterni
- difficoltà a rispettare il proprio turno in situazioni di gioco o di gruppo
- risposte incontrollate e anticipatorie delle domande che gli vengono formulate
- difficoltà nell'eseguire le istruzioni che gli vengono fornite
- difficoltà nel mantenere l'attenzione in situazioni di lavoro o di gioco
- frequente cambio di attività, azioni interrotte o incompiute
- difficoltà al gioco tranquillo
- loquacità eccessiva
- interruzione dei discorsi e delle attività altrui
- apparente o reale assenza in conversazioni a lui rivolte
- perdita di oggetti necessari alle proprie attività scolastiche o domestiche
- ricerca e scelta di attività pericolose delle quali non è in grado di valutare le conseguenze.

Nell'80-90 per cento dei casi, tuttavia, tale instabilità psicomotoria cessa o si riduce notevolmente intorno ai nove-dieci anni: il mio suggerimento, dunque, è di non affannarsi troppo per risolvere un disturbo passeggero. Molto spesso, infatti, durante la preadolescenza il potere di concentrazione si normalizza e questi soggetti si distinguono tra i compagni per vivacità di interessi, facilità di rapporti e capacità di vivere in gruppo. È anche per tale motivo che sconsiglio di somministrare farmaci, salvo nei casi in cui sia evidente un'ansia di fondo particolarmente accentuata, generata da forti insicurezze.

Secondo la gravità dei casi, dato che l'instabilità psicomotoria costituisce spesso un disturbo notevole per la vita familiare, suggerisco di:

a) non dire mai "stai fermo", anche quando il trattenersi diventa quasi impossibile

b) accompagnare il bambino a eventuali sedute di psicomotricità (anche fino a sei-sette anni), nel caso in cui si manifesti una difficoltà di coordinare i piccoli movimenti

c) farlo partecipare agli sport di gruppo (pallavolo, pallacanestro, bicicletta, nuoto)

d) organizzargli l'orario di studio alternando, ogni trenta-quarantacinque minuti, cinque minuti di attività motoria (salti con la corda, corsa da fermo ecc.) o, più in generale, di attività pratica (commissioni, lavori di casa) *e*) discorrere molto con lui (per esempio a tavola), ascoltarlo, spingerlo a esprimersi e suscitare in lui interessi adatti alla sua età

f) guardare insieme la Tv, commentando i programmi e l'intreccio dei film

g) ricevere amici e parenti senza paura, dimostrando fiducia nel suo comportamento.

È fondamentale, insomma, impedire che l'instabilità diventi a poco a poco un mezzo per accentrare su di sé l'attenzione della madre.

A conclusione di questa lunga e non certo completa tipologia dei vari caratteri, possiamo dire che, a ben considerare, il vero fascino dell'educazione sta proprio nella necessità di adattarsi ai vari modi di essere dei figli, alla loro positività, seduttività o scontrosità, alla maggiore o minore difficoltà di socializzazione e alla loro individualità caratteriologica, che ne influenza inevitabilmente anche il modo di pensare.

Parlando, ascoltando e giocando con loro, si può persino prevedere quale sarà il loro percorso scolastico, a quale categoria di alunni apparterranno: a quella del bambino "logico", attento agli aspetti obiettivi e astratti dell'esperienza (quantità, forma, dimensione e colore degli oggetti), oppure a quella del bambino "narratore", più portato verso la dimensione personale, soggettiva dell'esperienza, che cerca di utilizzare gli oggetti come mezzi per istituire relazioni con gli altri.

Capire precocemente tali caratteristiche significherà avere uno strumento per avvicinare questi due tipi di bambino, in modo da renderli complementari.

Quanto detto finora renderà più comprensibile il concetto di "compatibilità familiare" – che approfondiremo nel prossimo capitolo – come elemento essenziale per la crescita dei nostri figli.

I FRATELLI

Sono contrario al figlio unico, per questo desidero dedicare un paragrafo ai "fratelli". Nella civiltà attuale, in cui i legami non sono duraturi come un tempo, le separazioni sono sempre più numerose, e le famiglie sono spesso composte da un solo genitore, la presenza di un fratello accanto si rende ancor più essenziale.

Il rischio di rimanere solo è oggi, per un genitore, sempre più grande. Aggiungerò, poi, che crescere due figli nati con venti, trenta mesi di differenza è, in linea di massima, meno faticoso che crescerne uno soltanto poiché, creando un gruppo, essi non si annoieranno mai. Inoltre, quando la differenza d'età è così irrilevante, la tanto discussa gelosia tra fratelli (il cosiddetto complesso di Caino) è rara.

A questo proposito, occorre non dimenticare che tra fratelli è sempre più forte l'amore che la gelosia. Mi piace ricordare sempre che i bambini, in genere, litigano per il "possesso della madre". Vogliono scoprire, di fronte a qualunque divergenza, anche futile, da che parte essa si ponga. Di conseguenza, consiglio alle mamme di uscire dalla stanza o di casa quando i figli litigano: dopo qualche minuto, di solito, il litigio finisce. Tale consiglio non sempre viene ascoltato. "Professore, se non ci sono s'ammazzano, possono farsi del male!..."

In generale, la gelosia è direttamente proporzionale agli errori dei genitori: preferenze più o meno esplicite per uno dei figli, troppa o addirittura esclusiva dedizione a un figlio handicappato a discapito degli altri, confronti irritanti e offensivi sulla scuola, sul comportamento, sulla superiorità di un fratello rispetto agli altri, insomma, atteggiamenti e paragoni faziosi e ingiusti che condizionano in modo negativo il futuro del bambino. I piccoli bisticci tra fratelli, fino alla tarda adolescenza, non saranno mai gravi nel contesto di un clima familiare armonioso: anzi, più si bisticcia da piccoli, più si andrà d'accordo da grandi, a patto che, come dicevo, non perduri nell'animo il ricordo di dolorose e acute ingiustizie subite da parte dei genitori.

Quindi, in presenza di forti gelosie o incompatibilità tra fratelli, i genitori dovranno prendere in esame il proprio comportamento verso di loro, risalendo alle cause e, se possibile, recuperando l'armonia con il dialogo tra i vari membri della famiglia. Se così non si raggiungerà lo scopo auspicato, ci troveremo di fronte a uno di quei rari casi di gelosia, potremmo dire patologica, che si manifesta soprattutto nell'adolescenza e che necessiterà dell'intervento di uno specialista che studi a fondo il soggetto e, in special modo, tutte le dinamiche dei rapporti familiari.

Bisogna inoltre sottolineare che quando ci sono tre fratelli, spesso chi ne fa le spese è il secondo, che sopporta il "complesso di Caino" del primogenito e lo ha, a sua volta, nei confronti del terzo. Avviene spesso, poi, che il terzo si alleerà con il primo contro il povero secondo!... Mi diverte sempre studiare con i genitori questi giochi tra fratelli e constatare che, se il secondo è una femmina tra due maschi, o un maschio tra due femmine, la difesa è sempre ottima e sicura!

In ogni caso, occorre che:

a) ognuno abbia i propri giochi e impari subito a imprestarli al fratello

b) i giochi non più usati dal fratello grande passino al più piccolo; mai ordinare al maggiore di darglieli; molto meglio, invece, aggirare la questione: "Sarebbe molto bello se glieli regalassi...".

Rispettate, insomma, il senso di proprietà dei piccoli, la loro dignità, e nello stesso tempo educateli a dare e a donare. È bene che il figlio più grande venga presto compensato da altri giochi. "Avrai ciò che avrai donato": questo dev'essere il messaggio dei genitori.

Negli ultimi tempi assume sempre più importanza il problema dei "fratellastri", termine orribile della nostra lingua, impregnato del senso di una colpa che non c'è. Consiglio di adoperare, quando possibile, l'espressione più lunga ma più giusta: "figli di una seconda convivenza o matrimonio". Il rapporto tra i figli di diverse unioni deve essere *assolutamente* favorito dai genitori separati. È necessario che i bambini si sentano fratelli. L'accordo su questo punto è un dovere da parte dei genitori, che non va trascurato per nessun motivo.

Comunque, quando un padre o una madre si risposano, si dovrebbero guardare dall'imporre o spingere i figli a chiamare madre o padre il nuovo coniuge. I ragazzi lo faranno spontaneamente, oppure li chiameranno per nome, e ciò favorirà il rapporto con i nuovi nati.

I NONNI

È evidente che il ruolo dei nonni è fortemente complementare a quello dei genitori.

Per superare l'obsoleta risposta fisiologica alla domanda se i nonni siano necessari, mi sembra logico avvicinare la questione da un punto di vista psicologico. A chi mi chiede se i nonni aiutino veramente lo sviluppo affettivo-emotivo del nipote, solitamente rispondo così:

a) l'urbanizzazione ha portato a una rottura della famiglia allargata; un tempo figli e nipoti convivevano, o comunque abitavano poco distante dai nonni, sia materni sia paterni

b) l'enorme mobilità causata dalle necessità del lavoro, i matrimoni tra uomini e donne di paesi e città diverse che impostano la loro vita comune lontano dalla famiglia d'origine, portano anche all'impossibilità di convivenza con essa

c) oggi, i nonni sono spesso ancora in piena attività lavorativa e hanno pochissimo tempo da dedicare ai nipoti

d) l'impegno dei nonni in casa e sul lavoro ha portato a un netto miglioramento del rapporto con i suoceri di antica memoria, che oggi, tolti i casi di forte e persistente mammismo, è ormai molto spesso assai positivo; ma, qualora restasse negativo, la presenza quotidiana, settimanale o estiva dei nonni (lontani e vicini) è ugualmente molto utile, se non necessaria, a patto però che non assumano posizioni educative sostitutive o contrastanti quelle dei genitori.

Il rapporto con i nipoti deve essere dolce, comprensivo, e di mediazione con l'impostazione genitoriale. È bene che, qualche volta, i nonni diano piccoli vizi, insieme a qualche piccolo regalo, anche al di fuori delle feste canoniche. Essi rappresentano l'elemento dolce dell'infanzia, proprio perché non hanno, e non debbono avere, il compito educativo dei genitori, certo indispensabile, ma spesso difficile da accettare o troppo autoritario.

Tendenzialmente, il loro giudizio è di approvazione, e quindi il tipo di rapporto che instaurano è positivo, e non deve esprimere preferenze tra figli e nipoti diversi.

Si sa che i nipoti amano i discorsi dei nonni, i racconti, le favole, i giudizi. Sono fieri della loro posizione sociale e professionale, più che di quella dei genitori, della stima che li circonda, dei loro piccoli o grandi successi.

Anche se il nonno, nel mondo attuale, non ha molte possibilità d'incontro con il nipote, quando sente al telefono quel "ciao" che ha il tono caldo e profondo della tenerezza, deve dimostrarsi disponibile, perché vuol dire che il nipote ha bisogno di lui, di un suo consiglio, di un parere, di aiuto.

Ebbene sì, i nonni danno molta sicurezza ai nipoti e sono sempre punti di riferimento importanti, anche se lontani. Tra le loro libertà, vi è anche quella, proibita ai genitori, di mostrarsi narcisisticamente contenti e orgogliosi dei successi scolastici. Per questo, consiglio sempre uno stretto contatto con i ragazzi, anche in piena adolescenza o nel periodo universitario. Si può parlare liberamente dell'avvenire, dei successi reali o anche solo sognati, della propria storia, delle proprie esperienze.

È bello che i nipoti dormano spesso a casa dei nonni, dove possono approfittare di quei piccoli vizi banditi in casa propria perché "regressivi", come l'essere messi a letto, l'usufruire di certe libertà, il trovare i propri dolci preferiti. Queste e tante altre complicità quasi segrete creano un clima di stretta vicinanza che per tutta la vita lascerà un segno di struggente tenerezza.

Credo molto anche nel rapporto culturale con l'adolescente, e nell'elemento equilibratore dei nonni rispetto alla disarmonia comportamentale tipica di quel periodo, anche quando arriva a sfiorare le soglie dell'età adulta. Il loro consiglio viene sempre accettato, prendendo spesso il sopravvento anche su quello dello stesso padre.

È chiaro, come ho già detto, che, tranne in casi eccezionali, i nonni non devono dare consigli contrastanti con quelli dei genitori, o rendere ossessivo e inopportuno il rapporto con i nipoti, ma, piuttosto, rispondere sempre e soltanto al loro richiamo.

2.
Il contenitore familiare

Da alcuni decenni il concetto psicologico e antropologico di famiglia viene studiato come un sistema complesso e dinamico i cui vari membri interagiscono creando via via nel tempo sempre nuovi equilibri, più o meno positivi, sia all'interno del gruppo, sia in rapporto con l'ambiente circostante.

Il contenitore familiare, espressione che corrisponde meglio a questo nuovo concetto di famiglia, è soggetto a molteplici interferenze esterne e interne, e i comportamenti dei suoi membri hanno sempre come sfondo essenziale l'atmosfera che vi si instaura.

Tra le interferenze esterne, abbiamo già avuto modo di constatare come nell'ultimo dopoguerra il rapido passaggio da una società prevalentemente agricola a una società industrializzata, l'abbandono delle campagne e l'urbanizzazione abbiano avuto tra le varie conseguenze negative la frequente mancanza, nel nuovo ambiente familiare, della terza generazione (nonni e zii).

Dalla famiglia patriarcale allargata, si è infatti passati alla famiglia nucleare moderna: nucleo composto da padre, madre e figli, con tutte le conseguenze negative che possono derivare dall'isolamento affettivo dalle famiglie d'origine.

Problemi economici e logistici (per esempio, la difficoltà di trovare casa), hanno costretto moltissime famiglie a vivere in appartamenti piccoli, non adatti alle necessità di un bambino che cresce, né alla distensione psichica del gruppo familiare.

Inoltre, nella casa urbana manca il vecchio cortile, quello spazio di sicurezza vitale e di incontro autonomo con i coetanei che è sempre stato un elemento basilare per la socializzazione.

Il più delle volte, casa, scuola e, soprattutto, il posto di lavoro dei genitori, sono distanti l'uno dall'altro; il bambino non conosce dove e come lavorano il padre e la madre, e ciò rende difficile, se non impossibile, introiettarne l'esempio di serietà e sforzo professionali.

Infine, l'ingresso di massa della donna nel mondo del lavoro, alla cui base sono spesso motivi prevalentemente economici, è un fenomeno che ha avuto innumerevoli ripercussioni sui rapporti marito-moglie e madre-figli, di cui parleremo fra breve.

Ancora più numerose sono le interferenze interne, alcune delle quali fortemente positive: la psicologia dell'età evolutiva ha dimostrato che il triangolo familiare inizia a formarsi verso il settimo mese di vita del bambino, e diventa particolarmente attivo dai due anni in poi. Questo è un fatto rivoluzionario: anticipa il rapporto padre-figlio, come noi auspichiamo da oltre cinquant'anni, con ottimi risultati, primo tra tutti una maggior conoscenza dei bisogni fondamentali dei bambini.

Le interferenze interne negative, invece, dipendono quasi sempre da problemi caratteriali di uno o più membri della famiglia:

– conflitti tra coniugi sino a quella specie di divorzio affettivo che può portare ai "separati in casa", fenomeno molto grave quando i figli ne siano a conoscenza

– discussioni economiche, scontri, insieme a manifestazioni di gelosia o d'insofferenza tra i parenti alla presenza dei figli;

– divergenze educative e, soprattutto, loro estrinsecazione dinanzi ai figli; contrasti, per esempio, tra rigore e permissività; approvazione, tolleranza, accettazione e disapprovazione, intolleranza, rifiuto; coerenza e incoerenza.

Anche la presenza di un disturbo preoccupante o di un handicap di un figlio che porti a una sua iperprotezione, e quindi a uno squilibrio di rapporti con gli altri figli, può rivelarsi una potente interferenza negativa. Lo stesso dicasi per l'affermarsi di una preferenza spiccata per uno dei figli, spesso diversa tra i due genitori. Questo crea due partiti interfamiliari con variazioni di disponibilità di un membro verso l'altro e con una conseguente distonia dei rapporti all'interno del nucleo, che può rivelarsi addirittura devastante.

Spesso, specie nell'adolescenza, i ragazzi si chiudono nei confronti dei genitori e dei fratelli; quando questa chiusura inizia dai genitori, si arriva a una sorta di incomunicabilità generale, davanti alla quale il più debole soccombe, diventando il vero capro espiatorio della disarmonia familiare.

Un'altra interferenza negativa è costituita dal potere, poco controllabile da parte dei genitori, che i mass media esercitano su tutta la famiglia e il fatto che nel dialogo genitori-figli si intromettano questi persuasori occulti, la cui influenza, talvolta inafferrabile a livello conscio, può incidere negativamente, soprattutto dagli otto-nove anni in poi, sullo stile educativo che la famiglia vorrebbe dare.

Anche le difficoltà economiche e gli stress lavorativi (e qui il discrimine tra interferenze esterne e interne si fa sottile), ostacolano in gran parte la possibilità di "ascolto" da parte dei genitori, soprattutto del padre; a questo si aggiunga l'inadeguatezza dei servizi sociali (dagli asili-nido alle scuole superiori e ai servizi sanitari), sia come orari, sia come efficienza.

Non sottovalutiamo, poi, l'instabilità della vita moderna sul piano economico, sociale, ideologico e politico! Il futuro è spesso incerto per la famiglia, ed è sempre più difficile per un padre condurla e aiutarla a crescere: come, dove e con quale indirizzo?

Nonostante il rischio che le difficoltà interne e ambientali possano metterne in crisi l'equilibrio, la famiglia attuale è ancora un'isola di sicurezza e, il più delle volte, rimane il contenitore di quei fondamentali valori morali che vengono meglio assimilati dal bambino là dove ci sia un maggior dialogo tra padri e figli, una miglior partecipazione agli eventi esterni, e l'autoritarismo di una volta sia sostituito dall'autorevolezza e da una sorta di gerarchia orizzontale tra marito e moglie.

I genitori, qualora si presentassero alcune di queste interferenze negative, devono cercare di essere "moderni": non aspettare, cioè, che le cose si aggiustino da sole ma ricorrere subito al consiglio di un tecnico. Il pediatra o il medico di famiglia potranno consigliare loro dove rivolgersi (consultori familiari, centri di neuropsichiatria infantile o di igiene mentale, psicologi, psichiatri). Spesso un conflitto genitoriale sparisce in poco tempo, spesso una modalità educativa errata si risolve con pochissimo sforzo, e il contenitore famiglia recupera l'equilibrio perduto.

Quante separazioni si potrebbero evitare se ai primi sintomi di dissidio sul piano caratteriologico, sessuale, culturale, veri e propri segnali d'allarme, i genitori si sforzassero di capirli insieme a uno specialista.

Per concludere ricordo che, di fronte a qualsiasi disturbo più o meno serio, ritengo prioritario analizzare il grado di coesione del sistema-famiglia, e dedurne quella "compatibilità" di cui parleremo più diffusamente in seguito.

Mi ha sempre colpito l'affermazione del grande pedagogista Anton S. Makarenko, secondo cui lo scopo dell'educazione è quello di raggiungere la "gioia del vivere insieme"; ciò è molto di più del semplice educare, del guidare verso uno sviluppo armonico della personalità o l'acquisizione di una buona cultura.

Credo, come lui, che la sintesi di tutti i consigli dati ai genitori debba essere questa: fare in modo che i figli possano vivere *gioiosamente* nel contenitore familiare e, con questo spirito, in un secondo momento, nella società. Accettando pienamente tale finalità, cercherò ora di delineare il percorso da compiere. Tre parole, amore – esempio – ascolto, lo riassumono.

Amore. Nella famiglia italiana, non manca; semmai ce n'è troppo. Ma questo tipo d'eccesso non è mai negativo.

Esempio. È indispensabile che ne teniate presente l'importanza formativa in due aspetti fondamentali, l'imitazione e l'identificazione. L'imitazione costituisce la base dell'apprendimento nella formazione della personalità dell'individuo, sia in casa che a scuola e, poi, nella vita... C'è qualcosa di struggente nel vedere il bambino di tre-quattro anni che gioca con il padre e impara a imitarne gesti e azioni. È addirittura emozionante il giorno in cui ci si accorge che il ragazzo imposta già i problemi così come ha imparato a fare in famiglia e, se ci pensate attentamente, è davvero esaltante scoprire come la possibilità di formare i propri figli, preparandoli a un sapere concreto e razionale, sia alla portata di tutti i genitori, indipendentemente dal loro livello culturale! Non solo, ma l'esempio è alla base di qualunque processo di identificazione. Dove, per identificazione, si intende l'introiettare dentro di sé, oltre agli elementi essenziali positivi e in parte negativi dei genitori, quelli più significativi di personalità interessanti incontrate nel corso della vita.

La prima e più importante identificazione è quella del figlio con il padre e della figlia con la madre. L'esempio ricopre un ruolo fondamentale. Ricordiamoci, tuttavia, che nel processo di identificazione è inutile cercare di apparire diversi da come si è: il figlio coglie il vero contenuto intimo del genitore, che non può nascondersi né a se stesso né agli altri. Il bambino potrà superare ciò che di negativo ha assimilato dalle figure genitoriali con il passare degli anni, confrontandolo con il codice morale che le differenti esperienze positive avranno costruito dentro di lui. Questo avverrà, anche se spesso a prezzo di una grande fatica.

Ascolto. Un procedimento complesso, affascinante e gioioso, che costituisce la base della nuova educazione.

Osservate vostro figlio, ascoltatelo mentre parla, conversate con lui, cercate di capirlo e sentirlo dentro di voi. Dimenticate in quei momenti gli stress, le preoccupazioni, il mondo esterno: godetevi quello che potrebbe essere quasi un piacere musicale. Quando visito un adolescente, lo osservo, lo ascolto, parlo con lui e cerco di capirlo nell'intimo, senza vedere più i genitori, anche se sono presenti; creo con lui quello che chiamiamo un "setting", una comunione, mi sento felice e non provo stanchezza perché posso vivere i suoi problemi.

Cercate di farlo spesso con vostro figlio, in famiglia, da soli, durante una gita, dopo uno spettacolo: come è bello vedere crescere la sua personalità, e accorgersi che coglie quello che gli dite anche quando sembra che non vi ascolti!

Questa è la base dell'educazione, per il genitore che voglia creare sicurezza e miri a essere sempre il principale referente nei momenti difficili, specie nell'adolescenza.

Vi accorgerete che i figli hanno pochi ma importanti bisogni:

– di compagnia	perché si sentono soli
– di attività	perché si annoiano
– di sicurezza	perché hanno paura di un mondo sconosciuto da conquistare
– di dialogo	perché hanno da chiedere molte cose che non sanno

Solo con l'ascolto potete avere sempre sotto controllo la situazione e provvedere in tempo alla soluzione dei vari problemi. Non abbiate paura di sbagliare: i figli perdonano sempre se si sentono ascoltati! Ricordatevelo.

Vediamo ora insieme come il contenitore familiare trattenga *in nuce* una vita gioiosa.

Il genitore dovrà essere sempre disponibile in modo che il figlio si senta accettato e non sperimenti il complesso di abbandono, che è molto più frequente di quel che si pensi. Non spaventatevi, basta pochissimo: non più di quindici-venti minuti al giorno; a volte è sufficiente una cena conviviale o uno spuntino davanti alla Tv. E non negarsi mai nei momenti in cui necessita di maggiore attenzione.

Pensate sempre che fino ai cinque-sei anni, per un bambino il padre non solo è onnipotente, ma è l'unica persona che può dare vera sicurezza; il figlio pensa sempre: "Mio padre è lì se io ne ho bisogno".

Essere un buon genitore è possibile se la coppia coltiva anche una propria vita intima. Ragione per cui consiglio sempre ai genitori di uscire da soli (anche per un paio d'ore), almeno due volte alla settimana. I nonni, se sono vicini, sono ottimi baby-sitter!

Il contenitore familiare non deve mai essere chiuso: ha sempre bisogno di aria esterna e perciò i genitori devono ricevere amici almeno tre volte al mese. Questo servirà molto alla socializzazione dei figli e al loro ingresso nel mondo adulto. Anche i figli, però, devono avere la possibilità di invitare gli amici e accettarne gli inviti.

È necessario riprendere, qui, le linee principali dell'evoluzione affettiva, per comprendere e fare miglior uso di questi suggerimenti.

– 0/3-4 anni	prevale il principio di piacere
– 3-4/7-9 anni	prevale il principio di realtà
– dai 9 anni in poi	prevale il principio dei valori

Il passaggio da uno stadio all'altro può essere ridotto, per non dire bruciato, da un'educazione troppo permissiva: il permissivismo dei genitori e la penetrante persuasione consumistica della Tv hanno contribuito a protrarre il principio di piacere fino all'adolescenza. Ciò è pericoloso, perché lascia libero corso al desiderio di possedere tutto e subito. Spesso viene annullato il passaggio dallo stadio orale, possessivo, egocentrico del piacere a quello maturo dell'oblatività, intesa come donazione di sé.

Di qui la necessità di far accettare sin dalla prima infanzia le piccole frustrazioni, l'attesa, la posticipazione dei desideri (questo lo avrai a Natale o alla promozione, quest'altro al compleanno ecc.), insegnando a rinunciare a qualcosa oggi in funzione di un premio maggiore domani. Dovrete perciò dare al bambino gratificazioni solo come premio per uno scopo raggiunto (a scuola, nel gioco, nello sport, per un aiuto alla famiglia o per piccole responsabilità felicemente assunte); l'equilibrio instauratosi inizialmente tra frustrazione e gratificazione si trasformerà, con il tempo, in un positivo senso della lotta per migliorare, per dare qualcosa anche agli altri (famiglia, amici, società), e non solo per prendere, facendo così del bambino una persona sociale.

Se, nel frattempo, durante la crescita, vi sarete accorti che la fantasia, la gioia di fare, di inventare, sono troppo o troppo poco sviluppate, vi preoccuperete. E allora, come educare e sviluppare la creatività di vostro figlio? Qui ci troviamo di fronte a un amico-nemico. La Tv è una fonte d'informazione chiara, precisa, persuasiva e penetrante, ma, allo stesso tempo, passiva, troppo concreta, omologante, senza fantasia né mistero, che vuole spiegare tutto senza nulla lasciare all'immaginazione.

La Tv ostacola il passaggio dalla fase del potere magico (tre-quattro anni), alla creatività vera e poi al talento, intendendo per creatività la ricerca dell'unicità e dell'originalità di risposte pertinenti a un dato compito.

La tendenza fantastica infantile viene bloccata dall'accumulazione delle percezioni visive concrete: tutto è chiarito razionalmente anche quando si tratta di fantascienza. C'è un'intrusione violenta e completa dell'oggetto-mondo che impedisce al sogno di svilupparsi. Solo da poco la scuola si sta ponendo il problema di questo appiattimento della fantasia.

Che fare? Bisogna ritornare alle fiabe! Ai racconti fantastici nella seconda infanzia, a disegnare, dipingere, avvicinando la poesia della natura: fiori, boschi (gli alberi parlano), animali, con la loro vita abitudinaria, più tardi temi di fantasia, letture di romanzi; raccontare i sogni, insegnare a evadere con l'immaginazione in momenti di noia o di tristezza, sino all'inizio della preadolescenza.

A quel punto le caratteristiche della persona saranno già individuate: il logico, il concreto, il fantasioso, il poeta cominciano a prendere forma; i ragazzi inizieranno così a fare le loro scelte e a chiedere consigli sempre più specifici.

Una breve parentesi: fa parte dell'educazione esaminare al più presto (verso i tre-quattro anni) la vista e l'udito del bambino, se avete il più piccolo sospetto (non risponde subito, non sente gli acuti, ti guarda fisso quando parli, si assenta quando più persone parlano ecc.). Fate attenzione alle piccole malformazioni fisiche: i bambini e i ragazzi sono molto sensibili a questo tipo di problema, e occorre subito chiedere consiglio.

- le orecchie a sventola si possono correggere molto prima dei dieci anni
- lo strabismo va curato al più presto
- per un testicolo non disceso, bisogna intervenire prima dei cinque-sette anni
- le malformazioni dentarie devono essere risolte possibilmente prima dei dieci-undici anni, dato che gli apparecchi possono costituire un grave disagio nel periodo delicato delle prime esperienze amorose

Generalmente, sono favorevole a qualsiasi forma di plastica e di altri tipi di intervento per facilitare al massimo la normalità e la bellezza fisica. Le reazioni negative sono spesso molto gravi: occorre, però, non confondere questa necessità con la dismorfobia dell'adolescenza. Gli adolescenti (soprattutto le ragazze) spesso non si piacciono, anche se tutto rientra nella norma (il seno, il naso ecc.). Occorre non sottovalutare mai questo disturbo e, se persiste, chiedere l'aiuto di un neuropsichiatra infantile: non si deve lasciare troppo spazio a questa fobia. Occorre anche prendere in considerazione, precocemente, il modo di camminare (ricorrendo a danza, ginnastica ritmica ecc.), e in casi particolari, dopo i sedici-diciotto anni, anche l'impostazione della voce.

I genitori non devono trascurare le piccole alterazioni, ricordando che spesso i figli, pur soffrendone, non ne parlano; devono cercare, perciò, di farle emergere per poi, con tatto, intervenire.

3.

La vita in famiglia

COMPATIBILITÀ / INCOMPATIBILITÀ

La nascita di un figlio, soprattutto il primo, comporta sempre molti cambiamenti, spesso logistici, sul piano delle attività, delle abitudini, delle responsabilità dei genitori. Le modalità di adattamento a tali cambiamenti sono quanto mai diverse da coppia a coppia: con la nascita di un figlio i rapporti interpersonali della coppia devono allargarsi al terzo arrivato, quindi diventano più complessi rispetto allo spazio domestico e all'ambiente esterno (parenti, amici, lavoro), anch'esso mutato dall'avvenimento.

Compatibilità vuol dire rapporto positivo tra genitori e figli: è necessario analizzare, nel contenitore famiglia, il *quantum* di adattabilità che esiste tra i vari membri, tenendo presente che, in generale, i genitori sanno descrivere molto bene il temperamento dei figli, a qualsiasi ceto essi appartengano. Bisognerà soffermarsi maggiormente sulle caratteristiche che minacciano l'armoniosa fusione e comprensione della famiglia.

Cerchiamo ora di analizzare il lavoro di un genitore che vuole scoprire gli elementi temperamentali del proprio figlio.

Abbiamo già parlato del bambino facile, difficile o lento ad attivarsi. Entro queste grandi categorie, dobbiamo considerare altri fattori. Per esempio, il livello di attività: vivace, irrequieto o iperattivo, oppure distratto e poco attivo, calmo, lento (soggetti questi che spesso vengono considerati ipodotati). In casi simili, nella fase scolare, per esempio, sconsiglio di far pesare il fatto che il risveglio mattutino sia stato anticipato a causa della loro flemma, rendendoli invece, a poco a poco, coscienti di questa lentezza di movimenti, ma senza ferirli.

Ci possono essere casi in cui è facile insegnare a gestire i vari ritmi della vita (sonno, orari scolastici ecc.), mentre in altri casi può risultare più complesso. Valgono sempre perciò l'esempio del ritmo familiare, il consiglio amorevole e il modello del mondo esterno.

C'è il bambino adattabile alle nuove esperienze e ai nuovi incontri, o quello che si ritrae dinanzi alle novità, piange, entra in angoscia o in depresssione, si chiude in se stesso, si isola. Se la scarsa adattabilità non è grave, la si può accettare cedendo a certe richieste; se invece è accentuata, occorre qualche volta essere severi aiutando a superare paure e incertezze. Queste vittorie serviranno ad aumentarne l'autostima.

Come ribadirò più volte, è importante che la casa sia aperta: genitori che abbiano una loro normale vita da adulti, ricevano amici, viaggino con i figli (sempre che la situazione finanziaria lo permetta), e spezzino frequentemente il tran tran familiare; ciò riduce a piccola cosa la paura del nuovo e facilita l'adattabilità.

Altre caratteristiche importanti del temperamento infantile sono il tono dell'umore dominante e la diversa intensità emotiva dinanzi agli avvenimenti, ma soprattutto le differenti reazioni alla realtà circostante che possono verificarsi durante la crescita.

Distraibilità e perseveranza sono attributi temperamentali che possono diventare comportamentali a seconda dei casi e della reazione positiva o negativa dei genitori. Evidenziate queste caratteristiche psicologiche nel figlio, i genitori devono poi cercare di analizzare le proprie, per capire quali siano le caratteristiche del figlio che accettano o non accettano, quelle che li urtano e li fanno reagire, anche se in sé positive, per poi stabilire in quale direzione modificarsi. Ciascuno dei due genitori dovrà verificare, quindi, il grado di compatibilità o incompatibilità tra il figlio e se stesso, correggendosi e adattandosi a lui il più possibile: operazione essenziale in cui riesce più facilmente la madre, nel caso sia lei l'insofferente.

Devo riconoscere però che in generale i genitori se la cavano benissimo. Raramente hanno bisogno di un aiuto esterno, e non dovrebbero mai ricorrervi prima di aver cercato da soli il modo di volgere in positivo quel *quantum* di incompatibilità riscontrato. Da parte mia, continuo a insistere sul concetto di compatibilità e incompatibilità, che deve spingerli all'analisi psicologica del figlio, e sottolineo che tale analisi del comportamento – che varia con l'età, la crescita, l'influenza dell'ambiente esterno – deve essere frutto del dialogo tra padre e madre.

Tutta la vita è cambiamento: la nostra e quella dei nostri figli; la loro trasformazione è spesso utile anche a noi che soffriamo e temiamo di non essere bravi genitori se il ragazzo non è come ci aspettavamo; ma ricordiamoci che anche i figli soffrono molto quando non capiscono i genitori, fantasticando su come vorrebbero che fossero.

Studiare la compatibilità significa anche saper riconoscere le difficoltà a realizzarla, soprattutto di fronte al dubbio di certi ritardi nella deambulazione, nella comparsa della parola e nell'apprendimento, o di altri disturbi fisici e comportamentali riconducibili a una situazione patologica vera o presunta. In questi casi è necessario l'aiuto di un tecnico perché raggiungere la compatibilità diventa un fattore decisivo di miglioramento del rapporto tra genitori e figli. Studiare la compatibilità è allora un gioco gioioso che fa parte dell'educazione e aiuta a evolverci, modificandoci man mano che i nostri figli cambiano.

L'educazione è un rapporto dialettico che deve tendere alla compatibilità perfetta: questo è il significato dell'affermazione di Makarenko "l'educazione deve portare alla gioia di vivere insieme".

FIDUCIA IN SE STESSI E AUTOSTIMA

Lo sviluppo di una sana autostima è strettamente legato a una buona compatibilità tra le caratteristiche del bambino e le richieste dell'ambiente.

L'atteggiamento dei genitori deve perciò cercare di favorire tale compatibilità; devono essere loro i primi a riconoscere gli iniziali successi nelle normali conquiste dello sviluppo, come comunicare e parlare, vestirsi, svestirsi, controllare la pipì, e poi, più grandicelli, tenere il passo con i compagni nei risultati scolastici. Apprezzarli e lodarli sarà istintivo, mentre lo sarà un po' meno evitare l'esagerazione e l'esortazione a fare sempre di più, a camminare meglio, a essere più svelti, a imitare gli altri bambini: lasciate che si evolvano normalmente senza troppe sollecitazioni!

Equilibrio e normalità: è a questi livelli di sviluppo psicomotorico dell'Io che nasce l'autostima, la fiducia in se stessi, cui tanto contribuisce l'opera formativa dei genitori.

Ricordo un episodio molto significativo: una volta, in campagna, vidi la chioccia seguire i suoi pulcini che, sentendo la sua protezione, camminavano sicuri. A un certo punto, trovando un ostacolo sul terreno, si fermarono e tornarono indietro. La chioccia con determinazione li rimandò avanti ed essi, rassicurati dalla sua autorità di madre, ripresero il cammino e superarono l'ostacolo. Per me questo è il classico esempio di come si educa e si accresce la fiducia nei nostri figli, insegnando loro fin da piccoli a "fare", invitandoli con calma e dolcezza all'imitazione, e poi a variare le azioni secondo la loro iniziativa e la loro creatività, sostenendoli sempre in queste loro esperienze.

L'approvazione servirà a dare loro sicurezza in se stessi e li porterà a vincere via via i piccoli e grandi pericoli della vita.

Le osservazioni critiche, costruttive, fatte sul loro operato, li porteranno inoltre a sviluppare un maggiore spirito realistico. Se questo tarderà a manifestarsi, non spaventatevi.

La profonda insicurezza di questo periodo è una delle cause più ovvie e scontate dell'ambivalenza verso i genitori, la scuola, e, nella preadolescenza, verso i coetanei. Proprio l'insicurezza, tra gli undici e i quindici anni, spingerà il ragazzo a sostituire l'unità dell'io-famiglia con quella dell'io-gruppo.

I compagni, a quel punto, dettano leggi, mode e comportamenti, e il gruppo condiziona le scelte, nel momento in cui l'individuo si trova a sostenere tre grandi tipi di sofferenza:

1) l'insoddisfazione causata dal non piacersi e non accettarsi

2) il sentimento di inferiorità più o meno cosciente che porta a un senso di sfiducia nei rapporti sociali e di fronte all'emergere del suo potenziale di competizione con gli altri (il ragazzo è sottoposto a paragoni e confronti continui)

3) il sentimento di colpa come risultato di un conflitto tra il rigido ideale morale assimilato negli anni della preadolescenza, e la forza degli istinti prevalentemente sessuali di questa nuova fase.

Ricordatevi sempre che il periodo tra i tredici e i sedici anni è il più difficile; dovrete quindi appagare il costante bisogno del ragazzo di rassicurazione, incoraggiamento, assoluzione, per ridurre la tensione tra i differenti elementi della sua personalità.

Gli errori vanno però corretti! E la correzione dovrà suonare in una chiave positiva: una musica dolce e non aggressiva.

Aiutiamolo a riflettere evitando le risposte e le reazioni impulsive! Lanciamogli piccole sfide, mettiamolo di fronte a responsabilità, prima piccole, via via più consistenti... Ma ricordiamo il detto classico: "non consigliatemi, so sbagliare da solo"; lasciamogli correre i suoi piccoli rischi o qualche pericolo imprevisto. Stimoliamo in lui il senso di responsabilità, ma anche il coraggio e la fiducia in se stesso, dicendogli che si può fallire ma che, se è necessario, si deve riconoscere umilmente il proprio sbaglio e ritentare.

Attraverso gli esempi della vostra vita, spiegategli che c'è sempre una soluzione possibile anche nelle situazioni più difficili e problematiche: con la calma, la riflessione e il senso critico, o anche rivolgendosi a voi, il rimedio si troverà; ditegli "puoi contare sempre su di me!".

Cercate inoltre in tutti i modi di non intestardirvi sui vostri errori e di non negare l'evidenza, altrimenti non riuscirete certo a fargli capire quanto sia fondamentale per la sua formazione imparare ad autocorreggersi e sperimentare così il suo coraggio.

Dovrete trovare assolutamente il modo di fargli capire che la persona sicura di sé non deve aver paura di riconoscere i propri errori, deve bensì avere la volontà di superarli, se non ha saputo o potuto evitarli; che è necessario essere giustamente ambiziosi, coraggiosi, e impegnarsi nell'inevitabile lotta contro tutte le ingiustizie, evitando però la durezza e l'implacabile inflessibilità della testardaggine.

Dovrà scoprire che la fiducia in se stessi vuol dire essere sicuri nel difendere le proprie opinioni ma non ostinati nel non riconoscere i propri difetti, nel non ascoltare e rispettare le idee degli altri. Quando sarà adolescente, potrete già dimostrargli come l'essere democratici implichi chiarezza ideologica e accettazione del contradditorio in funzione dell'armonia del patto sociale. Non sarà facile spiegarglielo se non gli porterete degli esempi concreti che riguardino anche la vostra vita di relazione con gli altri: amici che hanno differenti idee politiche, filosofiche, artistiche; differenti traguardi culturali, o semplicemente diversi modi di credere e giudicare.

Tutti questi consigli non saranno così soltanto teorici, saranno invece frutto di un vero ascolto, di discussione, di esempi della vostra esperienza e di quella dei vostri padri.

Ogni volta che i pulcini ritorneranno indietro voi li rimanderete avanti: così li aiuterete a edificare quell'importante sentimento che è l'autostima, la fiducia in se stessi, la sicurezza nel comprendere, affrontare e vincere le difficoltà della vita; tutti sanno che il bambino cresce sotto il grande ombrello protettivo della famiglia, ma pochi sanno che si perfeziona e si rafforza seguendo il grido della chioccia che, respingendolo da sé, lo pungola in avanti verso la vita, inevitabilmente cosparsa di ostacoli.

Desidero da ultimo ricordare come spesso, anche quasi senza accorgersene, i genitori giungono a quello che noi definiamo "abuso psicologico". Bambini e ragazzi sono infatti sensibilissimi a ogni offesa alla loro dignità.

I genitori con troppa facilità danno dello svogliato, del poco intelligente, dell'imbecille, del bugiardo, dell'irriconoscente, e ripetono: "non meriti questo, non meriti quello".

I bambini si sentono verbalmente "seviziati", trascurati, umiliati con sistematicità, prevaricati perché giudicati sempre in modo negativo.

Fate attenzione, genitori: un rimprovero deve essere giusto e necessario, non uno sfogo, un sintomo della vostra incompatibilità, un sistema. Sottolineare il positivo fa crescere e aumentare l'autostima; sottolineare il negativo invece provoca "abuso psicologico", depressioni camuffate, disturbi del sonno, aggressività represse, caduta dello slancio vitale e forte abbassamento dell'autostima.

Ma, a fianco di queste piccole mancanze genitoriali, che ho voluto evidenziare perché spesso sfuggono anche a un buon genitore, occorre soffermarsi su un grave problema che incombe sul Pianeta infanzia: parlo degli abusi psicologici e fisici.

L'abuso psicologico cui vengono sottoposti i bambini e gli adolescenti, in famiglia come anche nell'ambiente esterno (scuola e primi lavori), è, insieme al problema delle violenze fisiche e sessuali, questione di estrema gravità e di preoccupante frequenza.

Si ha l'impressione che il fenomeno sia in aumento perché, sebbene la sensibilità, l'educazione e il civismo dei genitori siano cresciuti, sono aumentate però enormemente le cause di stress riconducibili a difficoltà del vivere, alla diffusa violenza nel mondo, pubblicizzata e banalizzata, come abbiamo detto, dai mass media, e al prevalere di un sadismo oltre la censura inibitoria che ognuno di noi deve conservare nei rapporti con l'altro. La caduta di molti tabu, la sessuofilia dominante, con il concomitante aumento delle perversioni sessuali, sono alla radice del preoccupante incremento di queste violenze fisiche. Elenchiamole sinteticamente:

- trascuratezza affettiva: bambini rifiutati, umiliati, intimoriti, isolati dal gruppo, corrotti e istigati alla criminalità (prostituzione, pornografia)
- trascuratezza fisica: punizioni corporali eccessive, elargite con sadismo
- trascuratezza assistenziale: molestie sessuali varie sino all'incesto, numerose violenze e atti imposti fuori dalla famiglia e in gruppo

Variabilissime, per entità e gravità, le reazioni negative: stati regressivi (succhiare il pollice, enuresi), incubi notturni, fobie, ossessioni, crisi isteriche, aggressività o estrema passività, blocchi cognitivi, tentativi di suicidio, droga ecc.

VITA DEI GENITORI

È assolutamente necessario per il buon equilibrio del clan familiare che i genitori mantengano una vita propria di relazione con il mondo esterno.

Come abbiamo già detto, dovrebbero poter ricevere amici in casa almeno tre o quattro volte al mese, sia a cena che dopo cena, in modo che i figli possano assistere ai discorsi e, quando siano un po' più grandi, intervenire sugli argomenti che li interessano particolarmente. I genitori dovrebbero uscire da soli almeno due volte alla settimana per ritrovarsi, per evadere dall'atmosfera dei doveri familiari: lavoro, casa, genitori, ma quando marito e moglie? Nonni, parenti o amici, possono fare amorevolmente i baby-sitter, oppure i nipoti possono dormire dai nonni!

Per mantenersi giovani, per discutere i problemi di coppia, è molto importante che si frequentino amici, si vedano film, si vada a teatro, si conversi liberamente di tutto, si facciano brevi viaggi insieme, anche solo talvolta nel week-end.

Se le coppie non si appiattissero nel tran tran del rituale quotidiano, quante separazioni in meno... e quanti genitori più abili, attenti e flessibili...

Occorre immagazzinare ossigeno per dare ossigeno.

Tutto questo serve a ricreare in famiglia un po' del mistero della vita adulta, e ciò non guasta: il maschio capirà che la madre appartiene anche al padre e viceversa penserà la femmina. I vari complessi edipici si possono così superare più dolcemente.

La casa dei genitori aperta vuol dire anche educare i figli alle novità, all'imprevisto: persone eterogenee, discorsi diversi dai soliti, discussioni, apertura a interessi variegati, confronto con altre idee; insomma, la casa aperta a chi potrà aggiungere qualcosa al vissuto ordinario sarà certamente un ottimo strumento per accelerare la maturazione dei ragazzi.

Per quanto riguarda la vita dei figli, è importante che, nei limiti del possibile, apriate con semplicità, naturalezza e amore, la casa ai loro amici, non solo quando sono piccoli, ma anche e soprattutto nella preadolescenza e nell'adolescenza.

Un genitore attento avrà così l'opportunità di cogliere le

preferenze e le affinità tra il proprio figlio e quelli degli altri, e ciò gli consentirà di "catturare" molti elementi del mondo nuovo che avanza e, insieme, di approfondire i problemi, le aspettative, le paure, gli entusiasmi dei giovani e di suo figlio in particolare.

ESPERIENZE TRISTI O TRAUMATICHE

Quante volte vorremmo evitare a nostro figlio un dispiacere, e fargli saltare a piè pari certi dolori. Sappiamo, però, che evitargli ogni esperienza spiacevole non è possibile e, aggiungo, nemmeno utile: sia per le piccole sofferenze, come la morte di un canarino, di un cane, di un gatto, sia per quelle davvero gravi e devastanti, tutto concorre alla sua crescita, ma soltanto se gli saremo sempre vicino, non minimizzando mai il suo dolore.

I sentimenti dei bambini fino alla preadolescenza sono pieni e vitali, e, per loro natura, sempre estremi: una gioia è una gioia totale, un dolore è una catastrofe. Non dimenticatelo mai.

Molti mi chiedono, per esempio, come comportarsi alla morte dei nonni: un taglio qualche volta durissimo per il nipote, una ferita tra le più laceranti per uno dei genitori.

Ebbene, al di sotto dei cinque anni, è meglio risparmiargli la visione del defunto e il funerale, specie se il nonno abitava in famiglia. Il dolore del genitore per la terribile perdita dev'essere dinanzi a lui possibilmente contenuto.

Anche nel caso della morte, improvvisa o dopo lunga malattia, del padre o della madre, è sempre bene evitare al bambino piccolo la visione del genitore morente e del funerale. In questo caso, tuttavia, il genitore superstite deve mostrare il suo dolore: un dolore che sia per quanto è possibile accettante, che dia speranza e sicurezza per l'avvenire. È lui ormai l'unico oggetto d'amore rimasto, il più importante punto di riferimento per il figlio che in quel momento subisce un'irreparabile amputazione.

Anche i nonni dovrebbero cercare di dimostrare per la perdita del loro figlio o figlia un'accettazione serena cercando di dare al nipote la massima sicurezza e fiducia nel domani. Solo così il bambino riuscirà a pensare: "non sono solo, ci sono anche i nonni che mi aiuteranno".

Quando in famiglia c'è una malattia grave e lunga dei nonni conviventi o di un genitore, è bene cercare di nascondere il più possibile le visite del medico o di infermieri, lasciando sempre, non solo nei piccoli ma anche negli adolescenti, la speranza della guarigione e cercando di evitare loro scene di crisi, di sofferenza, medicazioni e altre realtà traumatizzanti.

Anche se i figli vogliono sapere, assistere, rendersi conto, in loro serpeggia sempre il dubbio della perdita, benché spesso nascondano molto bene il proprio dolore.

Quante volte ho visto un padre o una madre credere che fosse meglio non parlare del coniuge morto! Eppure, non è così che si potrà esorcizzare il dolore... Occorre invece trovare un giusto equilibrio senza esagerazioni (mostrare fotografie ecc.), ma alimentando con serenità un ricordo che darà ai figli la forza di costruire molto dentro e fuori da se stessi: una frase, un'immagine, un consiglio, un'abitudine del genitore scomparso potranno trasformarsi in un impulso positivo e un riferimento attivizzante contro la depressione provocata dall'enorme vuoto interiore nel bambino.

Continuando questa triste conversazione, vorrei farvi riflettere su un argomento delicatissimo, quello degli urti familiari, rammentandovi, senza mezzi termini, che questi rimangono tra i ricordi più traumatici e dilanianti.

Se i figli assistono a una violenza fisica del padre sulla madre, non lo dimenticheranno mai per tutta la vita.

Vi prego assolutamente perciò di evitare, scongiurare, bloccare questi traumi discutendo le cause dei contrasti in una sede separata e lontana dal loro ascolto, rinviando e dirottando i momenti e il luogo dei dissensi sulla loro educazione. Ma non basta l'isolamento nella vostra camera da letto!

Scontri, liti, discussioni di interessi e altro devono svolgersi, diciamo, almeno a trecento metri da casa: uso un paradosso perché i genitori capiscano quanto sia importante che i figli non assistano ai loro contrasti.

Con lo stesso impeto voglio parlare dei traumi sessuali, un problema che purtroppo si rivela sempre più frequente.

Succede che i bambini e i ragazzi, passeggiando nei giardini pubblici o ritornando a casa da scuola, si imbattano in uomini (ma oggi anche in donne) esibizionisti; i giovani subiscono frequentissime molestie sessuali sui mezzi pubblici, dove palpeggiamenti, falsi spintoni e frasi a doppio senso sono fatti normali. Gli inviti sessuali lanciati loro per la strada con parole volgari si trasformano spesso addirittura in vere minacce. Situazioni che traumatizzano fortemente i nostri figli, che reagiscono con un senso di schifo unito a paura e insicurezza, amplificate dalle cronache giornaliere di violenza, rapimenti, sequestri di ogni tipo.

Ma si sa che, per la maggior parte, le molestie sessuali non vengono riferite, e le scopriamo solo interrogando adolescenti e adulti che soffrono di disturbi psicologici più o meno gravi.

Per questo mi sono dilungato nell'appendice del libro sullo sviluppo sessuale e sulle sue più comuni deviazioni: perché reputo fondamentale che i genitori parlino di questo problema ai loro figli, in modo diverso secondo l'età, prendendo spunto proprio dai fatti di cronaca. Anche a bambini dai sette ai dieci anni si possono dire certi fatti con cautela, riducendo così le possibilità di brutte esperienze, sensibilizzandoli alle varie sorprese sgradevoli e traumatizzanti dell'incontro per strada o sull'autobus (come si sta meglio a Londra dove nessuno può stare in piedi sui bus!). Questo darà anche modo ai figli di riferire fatti scioccanti visti e uditi; mentre i genitori potranno, da una parte, sdrammatizzare l'avvenuto e, dall'altra, dare consigli pratici e tranquillizzanti sulle reazioni da manifestare.

Tutti ormai sapete che verso gli otto-nove anni la madre, e soprattutto il padre, devono dare un'educazione sessuale ai figli. È fondamentale mantenere l'assoluta confidenza. Conoscere, guidare, e mai sgridare o condannare, qualsiasi cosa avvenga che riguardi una sfera tanto delicata e pericolosa per le conseguenze psicologiche e i blocchi che può provocare nel loro futuro sviluppo sessuale.

Le madri devono cercare di mantenere le confidenze sia delle figlie che dei figli, sino almeno ai sedici-diciassette anni. A questa età sappiate che i padri non sono ancora capaci di fare un'aperta educazione sessuale, hanno resistenze interne fortissime che li rendono quasi impotenti di fronte a questo problema.

Tratterò tra breve dell'esperienza traumatica più frequente e più grave: la violenza fisica e la violenza psicologica della famiglia e dell'ambiente.

Ma prima mi sembra il caso di valutare le novità nelle situazioni familiari. La situazione nuova più seria che i genitori e i figli devono affrontare è quella della separazione di fatto o giuridica dei genitori seguita, o meno, dal divorzio.

Se si gestisce tale situazione con il massimo equilibrio e la volontà di costruire sul "distrutto", i figli potranno soffrire di meno. Ne parlerò in dettaglio in appendice perché è un problema grave, in cui si trovano improvvisamente ogni anno circa quarantamila coppie, ottanta-centoventimila figli. Desidero spiegare chiaramente e consigliare come, attraverso l'educazione, il civismo e il senso morale dei genitori, questa "dissociazione familiare" possa essere trasformata in un'"intesa genitoriale", una specie di "superfamiglia" che neutralizzi in gran parte il trauma del distacco, la rottura del contenitore familiare.

SOCIALIZZAZIONE E VITA DI RELAZIONE

Il bambino tende spontaneamente al gruppo, con diverse modalità e precocità, in base al proprio temperamento, al carattere e alle situazioni ambientali (figlio unico, asilo nido, presenza di fratelli ecc.). L'odierna anticipazione dei vari stadi di socializzazione e della vita di relazione avviene sicuramente per la precoce influenza imitativa della Tv e delle videocassette, e grazie a buoni cartoni animati sugli animali o storie di bambini, giochi collettivi ecc.

All'asilo nido si comincia a stare insieme, ma non si può ancora parlare di rapporto: questa sorta di isolamento può durare fino all'inizio della scuola materna. Il dialogo si risolve, in realtà, in un "monologo collettivo" e il linguaggio, non essendo ancora uno strumento sociale, serve soprattutto per esprimere ad alta voce a tutti coloro che lo circondano quello che fa o vuole fare.

Nei primi contatti i bambini si osservano prima con ostilità poi con atteggiamento amichevole, in un rapporto prevalentemente duale, sostenuto per lungo tempo da un egocentrismo di fondo.

Il bambino dai tre ai cinque-sei anni inizia ad accettare le regole di comportamento del gioco, non più soltanto dai genitori ma anche dall'educatore e dal gruppo.

Il vero salto positivo nella socializzazione avviene durante la scuola elementare (sei-undici anni). Ma qui attenzione! Occorre che i genitori osservino molto bene, attraverso i loro figli, le caratteristiche e le dinamiche di gruppo della classe.

Lo scolaro di solito comincia a muoversi nel gruppo in base alle proprie caratteristiche caratteriali e agli elementi formali di educazione dati dai genitori: chiusi e un po' isolati, passivi o aggressivi, consenzienti o ribelli. Inizialmente, spesso qualcuno si impone sul gruppo, fa il bello e cattivo tempo, mentre gli altri sopportano, si distaccano e protestano in famiglia.

Poi, intorno ai nove-dieci anni, l'eventuale leader diventerà "più democratico", sviluppando la sua competizione in classe e, soprattutto, nel gioco. I più bravi sono i più stimati, ma non dimentichiamo che i meno bravi ottengono spesso dei buoni risultati che chiameremo di compensazione. Simile consenso viene riconosciuto a chi risulta migliore in qualche materia, anche se è più debole nella corsa, nel salto o nel gioco del calcio...

I genitori, e specialmente il padre, devono agire con molta intelligenza: calmare, ma insieme comprendere, le proteste e chiarire al figlio, se è un leader, il concetto democratico dell'andare d'accordo con gli altri; se invece subisce o è passivo, non dire semplicemente "sii anche tu aggressivo", bensì insegnare quella fermezza e tranquillità che lo faranno valorizzare da altri compagni simili a lui; "sii più sicuro di te stesso e troverai da solo la soluzione", "cerca di difendere chi è più debole fisicamente o non riesce ad apprendere come e quanto gli altri!". Questo tipo di discorso può essere un ottimo mezzo per fargli comprendere la "diversità" e i "diversi": gli handicappati fisici, i bambini Down, se ce ne sono, i timidi ecc. È necessario insegnargli ad accettare tutte le diversità umane rispettandole e aiutandolo a capire anche il lato positivo in esse contenuto. Riuscire a convincerlo che la norma fondamentale dei rapporti con gli altri è la disponibilità: un atteggiamento indispensabile per essere ben accettati; non solo, ma che si possono avere momenti di rottura anche nelle amicizie, ricordandogli però che dopo una litigata il rapporto diventa ancora più valido. Approvate, con entusiasmo, i suoi passi verso una matura socializzazione, ma disapprovate, con il ragionamento, eventuali suoi errori di comportamento o di giudizio verso gli altri. La scuola elementare è un microcosmo dove i genitori, anche con l'aiuto dei maestri, possono conoscere meglio i loro figli, le loro caratteristiche psicologiche, le loro possibilità o difficoltà di rapporto, il valore sociale di un'aggressività costruttiva che porta al confronto, alla competizione scolastica e, contemporaneamente, al comprendere, aiutare e difendere l'altro sentendosi così più sicuri di se stessi; questo è un momento magico per accrescere l'autostima del bambino.

Ai genitori si offrono quindi molte opportunità di sfruttare il gruppo scolastico per facilitare altre occasioni di rapporto extrascolastiche, come la palestra, gli inviti a casa di amici o le festicciole.

Quando si avvicina il periodo della pubertà (dieci-undici anni) e della preadolescenza (quattordici-quindici anni), dovete fare molta attenzione al modo e al tono con i quali vi rivolgete a vostro figlio: cari genitori, dopo i dieci anni chiamatelo ragazzo e non più bambino! Nelle mie ricette prescrivo una multa a chiunque sbagli, nonni compresi!

In questo periodo, il ragazzo tenta di uscire dalla famiglia: lo vuole ma lo teme, comportandosi così in modo volubile e provocatorio, a volte addirittura ricattatorio; vuole la libertà, vuole le sue amicizie, il gruppo, i suoi primi flirt. Ragazzi e ragazze diventano così più chiusi, più aggressivi, con periodi di depressione e di tristezza che, isolandoli nei loro pensieri e nei loro problemi, nuovi e inaspettati, li avvicinano in una forma quasi incontrollabile alle figure materna e paterna: il maschio alla madre, la femmina al padre.

Accompagnare questa socializzazione, spesso irregolare, di sfida, provocatoria e a volte nascosta, è in genere molto difficile: occorrerebbe infatti essere poco intrusivi, mantenendo le segrete confidenze dei figli, cercando di non prenderle di petto con giudizi lapidari e drastici (come "quell'amico è un brutto tipo", "guardati dai gruppi facinorosi", "non andare a quel concerto rock: una brava ragazza non lo fa" ecc.), seguendo da vicino i loro interessi sportivi, musicali, teatrali e letterari. Se questo non fosse possibile, che vi sia almeno un minimo di contatto colloquiale che dimostri il proprio aggiornamento su questo o quel tema: può diventare uno straordinario espediente di comunicazione affettiva e mentale.

In questo periodo vediamo spesso crisi d'ansia acuta, qualche volta di vero panico, piccole depressioni talora camuffate, chiusura esistenziale, calo temporaneo del profitto scolastico, grandi incertezze che sfociano in false forme di coraggio, aggressività o, al contrario, in un incomprensibile menefreghismo.

È abbastanza logico che un genitore, in quanto tale, possa fare poco di fronte alla suggestione negativa dell'ambiente circostante; ma se sarà stato un buon genitore, nel senso che ho più volte auspicato, se avrà saputo creare una forte autostima nel figlio, dare un buon esempio civico, trasmettere o facilitare il sorgere di qualche ideale positivo, allora il figlio troverà la sua strada, anche attraverso gli errori e la fatica che inesorabilmente la vita impone come prezzo di ogni conquista. Ma se come genitore può intervenire poco sull'ambiente, può invece fare molto come cittadino lottando non solo per favorire la partecipazione civile del figlio nella scuola, ma anche perché gli sia assicurato un precoce ingresso nel mondo del lavoro. Non bisogna sottovalutare il fatto che oggi la peggior causa di gran parte delle "cattive" forme di socializzazione dell'adolescenza sia il sentirsi chiusi nel "ghetto adolescenziale".

Noi genitori possiamo quindi, fin dai dieci-dodici anni, facilitare la sua vita di relazione, e possiamo, come dicevo, educarlo a ricercare, amare "l'altro" comprendendolo: a dare e ricevere, a far proprio il patto sociale, ricordando però sempre che essere giovani significa sfidare il presente, nel tentativo di immettere nel circuito politico, culturale e morale idee e risorse nuove, anche se questo comporta un'analisi critica della società e dei suoi conflitti. Superata quest'età, potremo raccogliere finalmente i frutti del nostro lavoro educativo.

Talvolta tutto questo non sarà sufficiente a strutturarlo in maniera abbastanza solida da comunicargli la sicurezza di cui ha bisogno. Proprio in questi casi, certo i più difficili, è assolutamente necessario non staccarsi mai da lui. In ogni momento il ragazzo deve pensare: "Posso contare su mia madre e mio padre, a dispetto di qualunque comportamento o ragione negativi". Un padre e una madre devono saper superare orgoglio, rabbia, paura, sfiducia e altro ancora, non facendo *mai mai mai* mancare al figlio l'àncora di salvezza del proprio amore, della propria presenza e dello stimolo a migliorarsi.

4.

Appunti su scuola, televisione e lettura

SCUOLA PUBBLICA O PRIVATA?

La scuola, sia pubblica sia privata, è sempre meglio sceglierla nel quartiere, dalla scuola materna alla scuola superiore. Questo facilita l'incontro con i compagni dopo le lezioni rendendo più piacevole il tragitto da casa. Niente è più gradevole, infatti, che fare la strada con gli amici chiacchierando e dimenticando così la fatica scolastica!

È inoltre da considerare assurda l'affanosa ricerca di molte famiglie della scuola, dei maestri e dei professori ottimali. La ricerca del meglio in questo campo è illogica. Ognuno di noi ricorda insegnanti migliori o peggiori, poiché non esiste la perfezione di un intero complesso. La stessa situazione si verifica con i compagni, che non si possono definire nell'insieme buoni o cattivi: ciascuno avrà elementi negativi e positivi che, in base alla prevalenza degli uni o degli altri, potranno determinare una classe più o meno "cattiva". E questa condizione sarà sempre imprevedibile, se si tratterà di entrare in una scuola nuova.

Proprio perché la scuola costituisce il primo vero distacco dalla famiglia, essa segna l'inizio ufficiale della socializzazione. Momento indimenticabile: un punto fermo nella memoria di chiunque.

Le diversità che il piccolo incontrerà serviranno certamente a farlo crescere, ma potranno essere più o meno positive, più o meno accettate dalla famiglia, e potranno provocare frustrazioni più o meno intense a seconda dell'ambiente e delle esperienze passate.

È la famiglia che deve quindi favorire l'inserimento: "ascoltare" le piccole lagnanze o le gioie del figlio derivanti dalla sua prima esperienza scolastica; fargliela accettare dolcemente adottando il suo punto di vista, ricordandosi di non chiedere mai al suo ritorno da scuola: "com'è andata?", "hai risposto bene?", preferendo invece conversare del gruppo, della "società scolastica", dei giochi, della maestra o dei professori, degli argomenti trattati ecc.

In un secondo momento sarà vostro figlio stesso a esprimersi sugli aspetti più strettamente scolastici. Se non parlerà, sappiate attendere e vedrete che il discorso verrà poi da sé.

(Care madri, se mi ascolterete non dovrete più dire "non mi dice mai niente". Vostro figlio infatti parlerà solo se non lo ossessionerete ogni giorno con la richiesta di raccontarvi la situazione.)

Cercate di entrare anche voi nella vita della scuola, ma non subito nella parte didattica, che affronterete poi con naturalezza, quando nel pomeriggio studierà, farà i compiti e chiederà il solito aiuto che ogni bambino chiede ai genitori, o ai fratelli maggiori.

È importante che nella vita scolastica del figlio sia il padre a prendere regolarmente informazioni e, fin dove è possibile, a partecipare ai consigli di classe.

Spesso per la madre la figura dell'insegnante è ansiogena, anche quando nei colloqui con l'insegnante i giudizi sono equilibrati ed eventuali critiche sono a fin di bene, le madri tendono a interpretarne negativamente il significato. Per questo, è meglio che il figlio pensi alla scuola come appartenente piuttosto alla sfera paterna, affinché la madre rimanga la figura sulla quale sfogare le proprie delusioni e frustrazioni chiedendo aiuto... o giustificandosi nel classico grembo consolatorio. Così, eviteremo quel "palese" narcisismo materno per la scuola, che è in ogni caso un atteggiamento pernicioso.

È molto bello che madre e figlio godano insieme del giudizio positivo del padre; e sarà lei la mediatrice di pace tra il marito e il figlio qualora il giudizio scolastico sia negativo.

La scuola: un discorso che potrebbe essere amplissimo!

Pensiamo soltanto a uno dei mille problemi che essa ci pone; pensiamo, come già ho accennato, al fatto che nelle nostre scuole gli insegnanti solo in piccola parte sono pedagogisti, mentre la scuola moderna dovrebbe formare il bambino insegnando a ordinare e strutturare logicamente le moltissime nozioni che già possiede, avendole acquisite attraverso i mass media.

La scuola, a tutti i livelli, dovrebbe conoscere le modalità dell'apprendere e dell'insegnare, adattandole al gruppo, sempre variabile da un anno all'altro. L'insegnante dovrebbe sempre verificare se gli stimoli dati al bambino abbiano trovato in lui un reale riscontro. La scuola non dovrebbe cambiare spesso gli insegnanti durante il ciclo scolastico, considerando che le supplenze sono quasi sempre dannose. Il trasferimento di un insegnante dovrebbe essere infatti deciso dal Provveditorato ma realizzato nei tempi e nei modi considerati idonei dal direttore della scuola, dopo un attento esame del consiglio scolastico.

Nella prima classe è quasi d'obbligo che l'insegnamento sia chiaramente individualizzato: il maestro deve conoscere l'ambiente socioculturale da cui proviene il bambino riconoscendone l'intelligenza vergine nel suo semplice e povero vocabolario e nella sua viva capacità di immagazzinare parole e concetti, anche se non sempre uniti a quella facilità nell'esprimersi che potrebbe farlo emergere di più a scuola, e che comparirà nella scuola media.

Ritornando al discorso del "quanto" e del "come", i genitori dovranno essere coinvolti nella vita scolastica. Vorrei qui insistere sull'importanza della loro attenzione ai primi anni della vita di relazione dei figli, cioè proprio, e soprattutto, nelle classi elementari.

Durante questo periodo i genitori dovranno cercare di individuare e capire gli eventuali disturbi dell'apprendimento discutendoli con l'insegnante, senza però rimproverare il figlio.

Ricordiamoci che, prima di pronunciare la troppo facile parola "pigro", occorre comprendere se la pigrizia nasconda un ritardo nella lettura, un'inspiegabile difficoltà nelle tabelline, un frequente errore di ortografia derivante da ripetuta distrazione (talvolta anche in quarta o quinta elementare), un'impossibilità a farsi capire, un assurdo rispondere a vanvera, una sensibile modifica di comportamento oppure addirittura noia, tristezza e tante altre possibili manifestazioni di depressione, più o meno camuffata, in una personalità in formazione. Il bambino ama sempre la scuola e, se egli non raccoglie i frutti desiderati, non è mai per "pigrizia", per "poco interesse", per "farci arrabbiare", per "indifferenza", o perché "è preso dai giochi", bensì per una reale incapacità psicologica o strumentale a far emergere la sua intelligenza.

Nei casi in cui si giunga a questa scoperta, è necessario chiedere consiglio a un neuropsichiatra infantile, non tralasciando alcune delle ricerche indispensabili a svelare se il vostro caso rientri nei disturbi specifici di apprendimento, oggi in aumento, e fortunatamente indipendenti da un normale sviluppo dell'intelligenza.

Ecco perché il padre dovrà cercare di interrogare il figlio il più possibile ogni sera, prima di cena, su quello che ha studiato, in modo che impari a esprimersi, senza mai dire "non lo sai", poiché questo il bambino può capirlo da solo.

Bisogna insegnargli, invece, a rispondere con tranquillità e in modo completo ("Dove abiti?" "Io abito a Roma"; "Quando è stata fondata Roma?" "Roma è stata fondata..."). Già dalla quarta elementare in poi il padre o la madre devono insegnargli a studiare seguendo un ordine programmato e con un occhio all'orologio: prima i compiti, poi lo studio, poi il riposo, scegliendo tra attività sportiva e gioco, infine il completamento del compito e delle lezioni: cesserà così l'affanno di certi bambini ansiosi e preoccupati di non fare in tempo a gestire tutto.

Inoltre la madre, l'insegnante, il docente del doposcuola che lo segue nei compiti, non dovranno mai correggerlo indicando specificamente gli errori; farebbero meglio a dire: "qui ci sono quattro errori, trovali tu". Il bambino dovrà così impegnarsi a trovarli ed eventualmente ad affrontare da solo il giudizio dell'insegnante, sapendo che, giusto o sbagliato che sia, il risultato apparterrà soltanto a lui. È ancor più necessario ricordarsi che l'applicazione e la concentrazione variano da mese a mese, a seconda dei periodi di crescita, soprattutto in terza-quarta elementare (crisi dei sette-otto anni) e nella preadolescenza.

È proprio la vasta esperienza accumulata negli anni che mi ha spinto a dilungarmi sulla scuola, e in particolare sul ruolo paterno. Ritengo infatti che il padre, oggetto d'amore e fonte di sicurezza, diventi nel corso delle elementari la vera guida, accettata e interiorizzata, mentre la madre si trasforma, un po' alla volta, in quell'aiuto essenziale di fronte alle prime difficoltà.

Il collegamento tra generazioni si stabilisce in questo rapporto casa-scuola condiviso per tutto l'arco evolutivo della personalità del bambino. Così, quasi senza accorgersene, solo con l'esempio e la partecipazione, i genitori faciliteranno la trasmissione dei loro valori positivi, e apriranno la via alla costruzione degli ideali dell'età adulta. Ricordiamo che l'incontro con la cultura nella scuola può spesso costituire un ricordo traumatico (soprattutto nel primo impatto con la nuova realtà delle classi iniziali delle elementari e delle medie) di un atto di socializzazione sofferto. Ricordiamo i banchi, quei terribili banchi di cui parlerò tra poco (specialmente nelle classi piccole), e poi le regole da rispettare, gli orari, i confronti con i compagni, le dinamiche di gruppo che non sempre si svolgono in maniera positiva, la caratteriologia dei singoli scolari e insegnanti, per non parlare dei comportamenti violenti, spesso indotti dalla Tv.

Fra le più frequenti lamentele fatte dai maestri ai genitori, ritroviamo: "il bambino non è concentrato, si blocca, è inibito, non ricorda, è lento, assente, non si sa se pigro o indifferente, non ce la fa...". A questo proposito, è fondamentale ricordare che, esclusi i difetti visivi di miopia, ipermetropia, astigmatismo, difettosa sovrapposizione delle immagini ecc., la "sconcentrazione" nelle elementari e nelle medie può essere stata preceduta da instabilità psicomotoria, oppure può dipendere da timidezza, paura di sbagliare, scarsa motivazione scolastica per infantilismo (specie se non si sono ancora raggiunti i sei anni... i mesi contano a quest'età), inibizione per timore del nuovo o dell'autorità, difficoltà nel seguire il programma: cercate di individuarne con tatto i motivi, talora causati anche da come l'insegnante svolge il proprio ruolo.

Non dimenticate che spesso la non accettazione della scuola ha, tra le varie cause, anche un traumatico abbandono della scuola materna. In questo caso si tratterà però di disturbi facilmente superabili, dato che spesso dipendono proprio da come i genitori hanno preparato il bambino ad avvicinarsi alla scuola – se la prospettano come luogo gioioso e ricco di stimoli, oppure difficile e severo – e da come essi stessi si pongono di fronte ai suoi piccoli successi o insuccessi.

È chiaro, quindi, quanto sia importante che padre e madre si dimostrino comprensivi, insegnando al figlio ad accettare in positivo tutte le difficoltà, più o meno gravi, che si possono incontrare all'inizio di questa nuova fase di vita e dell'inserimento in un nuovo ambiente.

Se tali difficoltà non vengono prese in considerazione e dunque rese accettabili, possono creare purtroppo un disadattamento scolastico più o meno accentuato, che potrà richiedere anche l'intervento di un tecnico.

Penso perciò che possano esservi utili alcuni consigli per il delicato momento dell'ingresso nella scuola media, per certi versi la fase più difficile: richiede infatti una più forte capacità di adattamento alle modalità di insegnamento che sono rappresentate da molti professori, con tendenze caratteriologiche diverse l'uno dall'altro.

Il primo suggerimento è di ricordarsi sempre che dagli undici ai quattordici anni non esiste una normalità psicologica, come diceva paradossalmente Anna Freud. Scarsa concentrazione e improvviso calo del rendimento che si protraggono per molti mesi possono avere una chiara motivazione biologica (la maturazione sessuale, i primi mestrui), insieme a varie e multiformi problematiche psicologiche (fughe nella fantasia, lieve forma depressiva non avvertita dai familiari, delusioni inter ed extrafamiliari, maggiore sensibilità e coscienza dei contrasti nel contenitore familiare ecc.).

Il secondo consiglio è che, proprio in questo periodo, i genitori devono assolutamente ascoltare e ascoltare, senza mai giudicare o condannare, cercando di mantenere il più possibile aperta la confidenza dei figli e tenendo sempre presente che in certi ambienti si verifica quello che il mio allievo Mayer ha chiamato "impotenza allo studio": un rifiuto più o meno palese della scuola, ritenuta inutile, insieme al desiderio di entrare precocemente nel mondo del lavoro per aiutare la famiglia: bisogno reale o, forse, enfatizzato dall'ambiente familiare stesso.

L'"impotenza allo studio", in questi casi, non dimostra quindi mancanza di responsabilità, bensì un vivo senso morale nei riguardi dei parenti e della società.

Per aiutare a comprendere meglio l'importanza del sostegno affettivo e psicologico da dare a vostro figlio nell'età dell'apprendimento, vorrei qui accennare a quelli che sono, a mio avviso, i tre problemi più gravi della scuola attuale. Problemi che proprio voi, come genitori e cittadini, dovete capire fino in fondo per poterli risolvere.

Scuola parallela. Per scuola parallela intendo l'insieme delle modalità con cui la società incultura i suoi membri fuori della scuola propriamente detta: giornali, riviste, libri, cinema, radio, Tv, pubblicità, viaggi ecc.

Oggi la scuola, come in parte i genitori, si trova di fronte a soggetti bombardati da nozioni delle quali non conosce né l'entità, né il tipo, né il grado di influenza sull'individuo. Si ha, cioè, una cultura di massa finalizzata, sino dal periodo prescolastico, all'informazione, e quasi mai alla formazione. Prevale così l'informazione visiva e sonora a scapito di quella lessicale, a partire, potremmo quasi dire, dalla nascita.

Già quando è nel box il bambino è posto a contatto con televisione, registratori, cassette, dischi, compact: sotto ogni possibile aspetto, sia prima sia durante la scuola, un bombardamento di stimoli visivi e uditivi, spesso superiori alle possibilità di ricezione e di assimilazione di quell'età. Ciò conduce a un apprendimento chiaro e didatticamente persuasivo di un mondo intrusivo, dove tutto è spiegato visivamente, ma resta essenzialmente passivo. Inoltre, fatto ancor più grave, non si percepiscono più né il mistero, né la fantasia per l'immaginifico.

Le nozioni vengono somministrate con la massima concretezza, il fantascientifico è totalmente svelato attraverso le immagini, come una specie di fantasia guidata, dunque una pseudofantasia.

Si paralizza così, tra i tre e i sei anni, il potere magico del bambino, che caratterizza uno dei momenti più belli dell'infanzia, dove il pensiero è realtà, la parola atto, i margini tra fantasia e reale inesistenti. Si blocca e si sterilizza quella istanza singolare che qualche anno più tardi dovrebbe stimolare la creatività, intendendo per creatività la tendenza all'unicità e alla originalità di risposte pertinenti a un dato compito; creatività che, diventando più tardi talento, fa progredire l'umanità.

Si verifica quindi una precoce e continua intrusione del mondo delle cose e degli avvenimenti (prevalentemente negativi) in una personalità infantile, che viene aggredita violentemente e acriticamente da informazioni poco selezionate. Ma questa ricchezza di informazioni, eccitante, distraente e anche divertente, contrasta con la fatica richiesta dalla scuola. La "cattiva minestra" del maestro perde attrattiva se confrontata al "dolce" televisivo. Ecco un'ulteriore causa della distrazione e del rifiuto della scuola, della noia scolastica, amotivazionale: manca cioè la motivazione, la curiosità dell'apprendere, lo stimolo alla più difficile acquisizione del ragionamento logico. E così l'azione prevale sul pensiero.

Sono queste le difficoltà che i maestri e i professori, insieme ai genitori, devono affrontare, capire e risolvere.

Ma come? Una via mi sembra quella di stimolare nei bambini il ragionamento, il pensiero profondo, partendo magari da uno spunto televisivo, giornalistico o di vita domestica, per condurli a meditare sui fatti e a soffermarsi sui sentimenti che provano interiormente, a rivelare emozioni e reazioni che si possono confrontare e spiegare a vicenda.

La collaborazione genitori-scuola è oggi più che mai necessaria per strutturare la personalità dei nostri figli, aiutandoli a crescere attraverso la riflessione sui fatti e le relative deduzioni critiche che, viste da un'angolazione morale e socioculturale, potranno portarli a una matura concezione dei valori sociali.

Psicosomatica scolastica. Capita talvolta che un forte impulso inconscio della mente e della psiche influenzi il corpo, fino al punto di lanciargli dei comandi che possono inibirne o stimolarne le funzioni. Questo, in sintesi, è il misterioso processo che provoca molti di quegli inspiegabili disturbi e malattie definiti psicosomatici.

I bambini non sono affatto esenti da questo tipo di disturbi, che anzi si manifestano frequentemente nel periodo scolare.

La scuola – bella, problematica, difficile, che offre insegnanti ottimi e mediocri, più o meno sensibili alla psicologia degli allievi – crea infatti, soprattutto negli ultimi anni delle elementari e nelle medie, quello che possiamo chiamare "psicosomatica scolastica": mal di testa, dolori di pancia, inappetenze, lievi depressioni, crisi di ansia, di paura ecc., sintomi che si presentano verso sera o di prima mattina.

Occorre che il genitore ascolti e osservi come si manifestino questi fenomeni: se si attenuano o scompaiono quando si permette al figlio di disertare la scuola per un giorno, oppure se ci sono problemi reali – rapporto con i compagni o con l'insegnante, difficoltà in alcune materie specifiche, avvenimenti traumatici non superati, angoscia dell'interrogazione.

È ovviamente superfluo che vi consigli di prendere sul serio il fenomeno. Penso invece sia importante che vi suggerisca il comportamento migliore: indagare, ma con tatto, non forzare, non obbligare il ragazzo a vincersi. In questa maniera il problema spesso si risolve anche senza l'aiuto del medico; la comprensione precoce, inoltre, può spalancare una porta sulla corretta interpretazione di un rifiuto così traumatico della scuola, che potrebbe essere l'anticamera di quella sindrome erroneamente denominata "fobia della scuola". La definizione è poco precisa in quanto la scuola non ne è la causa diretta, bensì, quasi sempre, la conseguenza di un complesso specifico: quello, per esempio, di un ottimo allievo che ama studiare, è addirittura tra i primi della classe ma poi, a poco a poco, sente l'impossibilità di entrare a scuola. Sarà indispensabile a questo punto l'aiuto di un neuropsichiatra infantile.

Il banco. Dalla prima elementare alla fine della scuola superiore i banchi sono standard: gambe corte e lunghe, corpi grassi e magri costretti in posizioni scorrette, a stare con le schiene curve in un periodo in cui la colonna vertebrale necessita invece di ogni attenzione. È importante dunque che i vostri figli seguano alcuni consigli pratici sulla posizione giusta da tenere nei banchi per assicurare una buona circolazione del sangue al cervello.

Care mamme, non sorridete dopo aver letto questo consiglio, pensando forse che tanto i vostri figli non staranno mai fermi nella stessa posizione per più di cinque minuti. Quando ci sono i compiti in classe, o lezioni particolarmente interessanti, la classe è più calma, soprattutto dopo la ricreazione, e queste regole di impostazione possono e devono essere seguite. Il bambino dovrebbe stare seduto con i glutei a contatto della sedia (a quarantacinque centimetri tra il piano inferiore del banco e lo schienale), il corpo solo lievemente piegato in avanti con gli occhi a trenta-trentacinque centimetri di distanza dal quaderno, e le braccia appoggiate ai lati del quaderno aperto in modo da sentire distintamente la curva lombare. In questa posizione, mentre il sangue può affluire meglio al cervello attraverso la carotide, il polmone respira meglio. Migliore respirazione e migliore irrorazione del cervello significano più facilità di attenzione e di apprendimento.

Negli intervalli, e anche durante le lezioni, fare i seguenti movimenti di ginnastica "isometrica" (ognuno almeno due volte): con una mano stringere forte l'altro polso, e viceversa; una gamba spinga con forza in giù l'altra che spinge in su, e viceversa; poi stringere le ginocchia che tentano di allargarsi, e viceversa; contrarre per cinque secondi i muscoli addominali, e i glutei; quattro-cinque volte durante la lezione, chiudere e aprire con forza le mani; durante l'intervallo, in piedi, flettere e distendere i piedi per uno-due minuti, con tre respiri profondi. E tutto ciò divenga un'abitudine!

Alla fine della mattinata i ragazzi vi diranno di non essere stanchi, di sentire la testa libera e nessun dolore di schiena, grazie a questa ginnastica inventata dagli americani per i manager che devono stare molte ore al giorno alla scrivania.

Sarebbe molto utile e sano che anche i genitori si abituassero a questo tipo di ginnastica dolce e non faticosa: sarebbe un buon pretesto per insegnarla ai figli, per i quali, come ho già detto, la reputo assolutamente indispensabile.

LA TELEVISIONE

Quanti pro e contro la Tv, quante e diverse sono le opinioni che dividono parenti, insegnanti ed esperti!

La Tv, essendo un potente e consolidato mezzo di comunicazione, acquisterà nel futuro sempre più importanza e si dimostrerà sempre più necessaria. Ma occorrerà imparare a usarla senza esserne usati; così l'esperienza televisiva risulterà proficua, non solo come mezzo di intrattenimento, ma anche come strumento per l'informazione e l'insegnamento a tutti i livelli di età. Durante l'infanzia e l'adolescenza, tuttavia, perché la Tv sia positiva ed educativa occorrono degli intermediari: prima i genitori, poi gli insegnanti e gli educatori.

Il suo messaggio è così volutamente penetrante, immediato e concreto, da essere assorbito dal bambino unicamente in forma passiva, senza che egli abbia la possibilità di fare domande, di capire meglio, di esporre i suoi "perché": viene così a mancare la mediazione della fantasia, si blocca il potere magico infantile che è sempre stato il suo modo di avvicinarsi alla realtà; che non si debba trasformare la Tv in baby-sitter e che i bambini non vengano mai lasciati soli in balia dello schermo è un fatto che viene da sé.

I bambini stessi mi confermano su questo punto, per me fondamentale. In un incontro che ho tenuto con soggetti dai sei ai quattordici anni, la grande maggioranza affermava, pur nel preoccupante contesto di due ore di ascolto telesiviso al giorno in media, di prediligere la Tv vista insieme a un genitore.

In genere sconsiglio la Tv prima dei due anni, non essendo ancora completato a quell'età il processo di individualizzazione: il piccolo cioè non si sente ancora un "individuo", un'unità a sé.

Dai due ai tre anni la Tv può servire a facilitare e accelerare il processo rappresentativo, vale a dire la capacità di ricordare le cose viste, di raffrontare con la realtà le immagini dello schermo: passaggio importante per giungere alla maturazione dell'intelligenza.

Affinché i genitori possano insegnare al figlio come guardare e in che senso usufruire della Tv, considero utile, a dispetto del fatto che possa sembrare un po' troppo didascalico, questo metodo: la domenica il padre segni le trasmissioni culturali, di intrattenimento, di sport o educative, che ogni giorno vuole suggerire ai figli. La crocetta deve essere di colore diverso per le diverse età, anche se alcune trasmissioni possono essere valide per tutti.

È un'abitudine che, se seguita fin dalla prima infanzia, darà i suoi frutti: la Tv diventerà così un'utile scuola parallela. È chiaro però che le proposte del padre devono essere accettate anche dai figli, e non risultare solo moralistiche o strettamente educative. Se il padre non è sicuro delle proprie scelte, si faccia consigliare, preghi la moglie di assistere alle trasmissioni per dare un suo giudizio. Certo si può sbagliare, ma l'impostazione generale varrà sempre. (Insisto ancora sul fatto che, alla sera, si ceni senza Tv, perché si possa conversare con i figli e ascoltare il racconto del loro vissuto.)

I genitori, dunque, devono guardare la Tv il più possibile insieme ai figli: le loro critiche ai programmi renderanno più positivo il messaggio televisivo e attenueranno il danno procurato dalle immagini di violenza (sadismo, rapine, prostituzione, stupri, catastrofi fanno parte di quell'80 per cento delle trasmissioni che puntano solo sul negativo!).

In realtà la Tv è una terribile scuola parallela! Non la salvano certo i pochi spettacoli per bambini e i pochi documentari naturalistici, così rari in Italia.

Per il bambino poi, più che per l'adolescente, la Tv costituisce una spinta continua al consumismo: gli spot pubblicitari creano desideri precisi, con conseguenti lotte e capricci per appagarli, e quando non li vedesse esauditi, ecco che il bambino interpreterà il rifiuto come un'ingiusta negazione di affetto.

Per rendere più utile e mirato il messaggio televisivo consiglio un videoregistratore: registrare film, cartoni animati, documentari, per assistervi in momenti di relax o quando la madre è occupata. Sarà un sistema validissimo, non solo per scremare la Tv spazzatura, ma come mezzo di inquadramento culturale e morale: il bambino vedrà quello che voi desiderate che veda.

Infine, divieto assoluto di introdurre la Tv nella camera da letto dei figli. Infatti non è possibile concentrarsi nello studio con la Tv accesa.

Concludendo, è importante che i bambini smettano di guardare la Tv almeno trenta-quaranta minuti prima di addormentarsi: in questo lasso di tempo si inseriranno finalmente, in un salutare silenzio, le buone letture extrascolastiche. Il sonno sarà più regolare e i sogni forse saranno più personali!

LA LETTURA

Nel nostro pianeta di immagini e suoni la lettura è diventata ormai quasi inutile.

Il bambino impara attraverso le figure e il commento orale, continuando a sviluppare il sistema audiovisivo e a esercitare sempre meno il sistema lessicale.

Poemi e romanzi sono trasformati in sceneggiati (*I promessi sposi, La Divina Commedia,* la *Bibbia, Piccolo mondo antico* ecc.).

Le videocassette dominano la nostra cultura. Il CdRom e il CdI stanno sostituendo la videocassetta, e presto finiranno con il sostituire il libro.

La lettura è legata allo studio, alla scuola, e pertanto non è in genere amata, tanto più oggi che va scomparendo il libro come evasione, e la vera evasione si concentra nella Tv, nelle videocassette, nei fumetti e nei videogiochi.

In questo modo si assimilano informazioni, ma difficilmente ci si sofferma sui significati più profondi del racconto, su come vengono descritti i vari personaggi, i loro pensieri, le loro riflessioni, il loro concetto della vita, i loro conflitti interiori ecc.

Dobbiamo convincerci che è ancora il libro la base di una vera cultura e che la lettura è il mezzo più importante per educare bene il vostro bambino. Di conseguenza, vi consiglio di cominciare ad abituarlo fin dall'età di tre anni a veder leggere, e poi a leggere, libri che trattino argomenti non inerenti i programmi scolastici.

Venti, trenta, quaranta minuti, secondo l'età, di lettura libera prima di spegnere la luce sono veramente importanti: ciò permetterà al bambino di imparare ad amare il libro, da quello illustrato a quello d'avventure, al romanzo, al saggio.

Anche il genitore deve partecipare alle sue letture, parlarne, discuterne e, dalla preadolescenza in poi, quando gli è possibile, leggere gli stessi libri. Se non saprà scegliere, sarà la scuola a indirizzarlo.

La letteratura infantile moderna per i bambini dai cinque ai sette anni è molto scarsa. Si leggono ancora i racconti di Collodi, di Andersen, dei fratelli Grimm e di altri grandi del passato, spesso senza conoscere i nostri bravi scrittori di favole, come Rodari, ormai tradotto in tutto il mondo e considerato uno dei maggiori del secolo.

Dopo gli undici-dodici anni, i ragazzi possono ormai leggere qualsiasi opera, iniziando anche ad affrontare quotidiani e settimanali politici, a discuterne a tavola da pari con i genitori.

Spesso consiglio ai ragazzi di scrivere una paginetta di commento su ogni libro che leggono, citando le frasi e le definizioni che più li hanno colpiti (non è facile, ma se si dice loro di inserirle nel computer sovente funziona), affinché più tardi, rileggendola, possano constatare quanto sia migliorato il loro stile e il loro senso critico.

Oltre i libri più o meno classici, è bene che leggano anche qualche autore contemporaneo di valore per imparare l'italiano corrente che, come tutte le lingue, è in continua trasformazione e si arricchisce di vocaboli sempre nuovi.

Un problema dibattuto è se sia ancora utile raccontare le fiabe ai bambini. Penso che la fiaba abbia ormai poco da insegnare sulle condizioni reali di vita in una società moderna come la nostra, ma la considero ancora molto utile per affrontare i problemi e rispondere alle domande inconsce dei bambini.

Le vicende drammatiche, semplici e a lieto fine, offrono soluzioni alla portata della loro comprensione. La fiaba resta una forma di comunicazione fantastica e immaginaria che, partendo in genere da una disobbedienza a un divieto genitoriale, conduce rapidamente a conseguenze disastrose ma, altrettanto in fretta, a una soluzione positiva, ottimista e rassicurante (basti come esempio Cappuccetto Rosso). Serve insomma a rinforzare le regole genitoriali: usa un linguaggio simbolico semplice, ricco di elementi magici, animistici, che attribuiscono una vita cosciente ad animali, alberi, boschi, e trasmette messaggi facilmente comprensibili anche per i più piccoli. Mentre luoghi e durata delle azioni sono indeterminati, sono invece chiarissimi il senso di giustizia, il rapporto tra causa ed effetto, la colpa, la punizione, il perdono, i divieti. L'evidenza e la trasparenza piacciono ai bambini che, durante il racconto, cercano continue conferme attraverso infinite domande.

La lettura è quindi un mezzo più intimo e personale per affrontare le storie, in cui il bambino da solo può porsi le domande e darsi le risposte imparando così la logica e la consequenzialità dei fatti.

La fiaba, rimasta quasi immodificata attraverso i secoli, si riferisce sempre a miti antichi, mentre la favola è un racconto fantastico-educativo più moderno, più legato all'epoca e alla creatività di chi l'ha creato, più ricco di metafore, con un rapporto meno immediato tra il fatto e il messaggio che vuole trasmettere. Spesso è inventata o modificata dal genitore stesso.

Entrambe sono utili a partire dai tre-quattro anni fino alla preadolescenza (dieci-undici anni) e anche oltre, ma solo a una condizione: che siano preferibilmente raccontate o lette dai nonni (cosa che, purtroppo, nel mondo di oggi sempre più raramente accade!). Come abbiamo già detto, trasmettono un messaggio di saggezza, e i nonni, che sono i mediatori tra divieti familiari e necessità educative, sono i più adatti a raccontarle e i più credibili; inventano particolari, mutano il tono di voce, ora rinforzandolo, ora addolcendolo, e rendono ancora più chiaro il messaggio. Per questo motivo sono contrario alla riduzione televisiva delle fiabe, perché la visione sostituisce la componente immaginaria del bambino che è la vera bellezza della fiaba. Certo al bambino piacciono molto, ma il messaggio perde di consistenza e poi svanisce. Vi sembrerà una battuta, ma penso seriamente che le riduzioni televisive di fiabe piacciano soprattutto a quei genitori e nonni che non le vogliono raccontare e, vedendole, ricordano forse certi elementi essenziali della loro vita che avevano dimenticato! Quindi oso dire che le fiabe viste in Tv fanno bene ai grandi e quelle raccontate dai nonni fanno bene ai bambini, perché il loro messaggio viene meglio interiorizzato e più riccamente elaborato dalla loro fantasia.

Concludendo, sintetizzo così le mie osservazioni sulla lettura:

– nella società tecnologica moderna la lettura riveste un alto valore formativo, perciò va favorita sin dalla più tenera età

– è compito dei genitori educare i figli all'abitudine della lettura, sin dalla scuola materna, dando per primi l'esempio

– la scuola deve costantemente educare alla lettura extra-scolastica, sia essa fantastica o integrativa del programma

– tutte, e dico tutte, le biblioteche scolastiche dovrebbero essere ricche, aggiornate, ben catalogate e, soprattutto, invitanti, arricchite inoltre, se è possibile, da donazioni dei genitori alla scuola

– bisogna abituare i figli ad avere i loro libri, come hanno i dischi e le cassette

– occorre insegnare al figlio il prima possibile a scegliersi i libri da leggere, e consigliarlo con tatto, ricordando che i ragazzi spesso non leggono perché non sanno trovarsi un libro coinvolgente

– come ho già detto parlando della Tv, è auspicabile che i bambini leggano per trenta-quaranta minuti dopo aver spento la Tv prima di addormentarsi

– i nonni e gli adulti dovrebbero ricominciare a leggere le fiabe ai nipoti, a raccontare favole lette o inventate con espliciti riferimenti alle loro esperienze di vita, e a regalare loro molti libri.

Debbo confermare che il problema fondamentale per i genitori è la scelta dei libri per le varie età.

È un problema serio che dovrebbe impegnare a fondo tutta la scuola (la scuola materna compresa), il settore culturale dei vari giornali o le riviste specializzate per l'età evolutiva.

Consiglio ai genitori di:

a) chiedere all'insegnante

b) leggere i consigli dei mass media e quelli delle case editrici: che hanno un settore per l'età infantile e preadolescenza (3 – 11/12 anni)

c) informarsi delle letture dei figli di amici, da conoscenti vari ma, soprattutto, leggere sempre i libri che consigliate ai vostri figli, dai vari "Topolino" ai libri dei "grandi"; capirete meglio i vostri figli, le loro tendenze, i loro sogni, l'identificazione con i vari personaggi, avrete così molti argomenti da discutere insieme e vi manterrete giovani!

Questo consiglio vale per tutte le classi sociali: non insisterò mai abbastanza su questo punto: è solo una mia utopia? No, sarà una vera necessità per il genitore, per tutti i genitori, del Duemila per capire i propri figli.

5.

Piccoli consigli fra tradizione e innovazione

La famiglia, i suoi membri, la concezione moderna di "contenitore familiare" e il delicato e dinamico equilibrio dei suoi rapporti di compatibilità: abbiamo fin qui cercato di delineare gli elementi fondamentali dell'educazione oggi, ponendo in risalto alcuni punti nodali che vanno sempre tenuti in considerazione. In particolare l'importanza del ruolo della figura paterna. Il padre deve essere autorevole e non autoritario, deve essere presente in ogni fase della crescita dei figli, e non solo dal punto di vista materiale. Ho cercato di spiegare come per me educare significhi guidare amorevolmente il bambino a sviluppare la propria personalità seguendo il nostro istinto e rispettando il suo, senza dimenticare gli insegnamenti della tradizione e l'apporto innovativo della cultura. Non pretendevo di dare risposte specifiche a specifici problemi, quanto, piuttosto, di offrire una chiave educativa generale, che potesse essere utile come griglia interpretativa di fronte alle infinite situazioni della realtà. Mi sembra utile, tuttavia, affrontare ora insieme alcuni aspetti concreti della vita familiare, scegliendo, pur se in modo disarmonico, qualche esempio tra i molti possibili. Se teniamo sempre presenti le finalità del nostro compito educativo, basterà questo breve e discontinuo itinerario nella quotidianità domestica per dare concretezza al discorso finora fatto. Senza contare, poi, che qualche piccolo suggerimento particolare non fa mai male...

Gioco e giocattoli. Tutti conoscono, genitori e tecnici per primi, l'importanza del gioco nell'infanzia. Il gioco è il modo di apprendere dei bambini, il loro modo di "lavorare".

Inizialmente il bambino, sbagliando e riprovando continuamente, impara ad agire senza lasciarsi scoraggiare dagli errori e senza pensare al tempo. I giochi funzionali dei primi due-tre anni costituiscono un ottimo mezzo per perfezionare la psicomotricità, per avvicinarsi cioè in modo disinvolto ad atti motori sempre più complessi finalizzati a uno scopo (saltare un ostacolo, salire sul tavolo, andare sul triciclo ecc.).

Il gioco, inoltre, sviluppa la creatività del bambino e, poi, dell'adolescente, sollecita la sua fantasia, rafforza la sua tenacia e, come succede per l'adulto, lo rilassa servendo da diversivo ai nervosismi infantili e adolescenziali. Infine, ne arricchisce il vocabolario e lo guida attraverso concatenazioni logiche sempre più strutturate: costruire, smontare, cercare dentro, concentrarsi ecc.

I giochi a incastro, per esempio, e poi le costruzioni, servono a consolidare il potere logico che si esprime nella sequenzialità delle azioni. In seguito, il gioco costruttivo, con le sue varie combinazioni, aiuta il bambino ad appropriarsi dei concetti di eguaglianza e di differenza (delle forme), e stimola creativamente la sua capacità di cercare rapporti sempre nuovi tra i singoli oggetti.

È fondamentale, e non mi stancherò mai di ripeterlo, che il padre giochi con i figli.

In genere, il padre gioca con i propri figli solo nei loro primi anni di vita, poi sembra che se ne dimentichi per ritornare a scoprirne il piacere nel momento in cui può iniziare a praticare insieme a loro un qualche sport.

Paradossalmente, i padri sanno giocare meglio delle madri. Infatti, solitamente si dedicano al gioco nel loro tempo libero, mentre le madri lo possono fare soltanto tra una faccenda di casa e l'altra: questa differenza è fondamentale.

Ecco perché invito la madre a coinvolgere i figli nel lavoro domestico. Con un po' di pazienza, e a qualunque età, quasi tutti i lavori di casa si possono fare insieme conversando. Per i bambini, questo tipo di attività si risolve in un gioco e in un'occasione preziosa per stare vicino alla madre, averla con sé.

Giocare significa divertirsi, con o senza giocattoli: correre, fare la lotta con il padre, scoprire il mondo della natura e della tecnica, in bicicletta, in automobile, davanti alla Tv. Si possono utilizzare giocattoli o inventarli e costruirli con il materiale che si ha a disposizione. Ogni oggetto, insomma, può essere considerato come un potenziale mezzo per l'attività ludica, e spesso quello che viene creato, magari con l'aiuto di un adulto o di un fratello maggiore, dà più soddisfazione di quello semplicemente comperato. Inoltre, la costruzione totale o parziale di un giocattolo con materiale di fortuna aiuta il bambino a impadronirsi dell'importante concetto di trasformazione.

I giocattoli – tanti o pochi, da tenere in vista o riposti nell'armadio ecc. – possono costituire un problema per qualche famiglia. Qualche suggerimento può tornare utile:

– I giocattoli non devono essere mai troppi, e vanno regalati nelle grandi occasioni (Natale, Epifania, Pasqua, compleanno, onomastico, promozione) o in certe particolari ricorrenze familiari. Sarebbe meglio evitare i piccoli regali settimanali, che servono spesso per sedare il senso di colpa del genitore che sente di trascurare il bambino. Se il piccolo (o anche l'adolescente) desidera un regalo, se ne prende memoria e lo si compera alla prima occasione importante. Così, posticipandogli la realizzazione di un desiderio, lo si abituerà a una leggera frustrazione, a non introiettare il "tutto subito" che porterebbe necessariamente a conseguenze psicologiche negative quando sarà più grande. È una forma d'educazione che consente di superare, o almeno di ridimensionare, la fase orale dello sviluppo. L'oralità è volere ottenere immediatamente ciò che si desidera.

Pur invitandoli ad adeguarsi a questo stile, nella mia pratica sono solito lasciare agli altri parenti, e ai nonni in particolare, molta più libertà perché non spetta a loro il ruolo specificamente educativo del nipote.

– Il genitore non deve semplicemente comperare il giocattolo, ma deve "sceglierlo" in base ai desideri del figlio e ai propri principi educativi. Ciò vale anche nel caso in cui la scelta vada contro la moda e le proposte dei mass media.

– Solo i tre o quattro giocattoli di uso quotidiano devono rimanere in vista. Gli altri, invece, è meglio tenerli riposti. Si evita, così, lo sguardo annoiato del bambino che, avendo davanti a sé tutti i suoi giocattoli, non sa scegliere quello con cui giocare.

– Il padre o la madre devono giocare insieme al figlio con i giocattoli che gli sono stati regalati. Altrimenti, meglio non comprarli! Il genitore deve sforzarsi durante il gioco di far riaffiorare la propria creatività infantile ormai appiattita dal sistema in cui vive. Giocare con i figli, allora, diventa autorieducazione, ritorno a quel mondo poetico che resta integro dentro tutti noi e che può essere riscoperto, riportato in superficie. I figli ci aiutano a farlo, se siamo disposti a condividere, con animo libero e gioioso, la loro esperienza.

– Giocare con il padre aiuta il piccolo, fino dalla più tenera età, a non isolarsi, e lo prepara, più tardi, a giocare con i coetanei. Lo educa ad accettare le regole del gioco, costituendo, così, la base del futuro processo di socializzazione. Nulla vieta che durante la giornata vi siano momenti in cui giochi da solo, ma devono costituire l'eccezione, soprattutto se il figlio è unico, o ancora non ha fratelli.

– Torno a ripetere il punto per me fondamentale: bisogna giocare molto insieme ai figli nei primi anni di vita, e ciò vale soprattutto per il padre. Costruire insieme giocattoli nuovi, o condividere quelli appena comperati: saranno così più apprezzati e più utili.

Giocare, per chi lo avesse dimenticato, significa anche correre, saltare, superare o evitare gli ostacoli, lanciare palle, birilli, saltare la corda, spingere il cerchio o la carriola, arrampicarsi, vincere certe piccole paure di cadere e di farsi male. Tutto ciò sotto lo sguardo del padre. Di qui viene quell'insostituibile sicurezza di fronte ai timori e alle ansie presenti e future.

Le varie avventure vissute con il padre si raccontano poi alla mamma che, il più frequentemente possibile, dovrebbe parteciparvi, almeno come spettatrice.

Nella preadolescenza, i giochi si trasformano a poco a poco in sport. Sarebbe bene che anche questo venisse condiviso con i genitori, e arricchito da discussioni sui vari punti di vista e preferenze.

Nello sport il ragazzo deve sviluppare sì la destrezza, ma anche la capacità di sforzarsi e di vincere la stanchezza, abituandosi a resistere alla fatica in funzione di una meta: il gioco-sport diventa così uno stimolo educativo a rendere più forte la volontà.

Come ho già detto, i giochi sportivi sono positivi se vi è il supporto paterno, soprattutto nella preadolescenza, e se, più tardi, può essere condiviso con gli amici. Vincere le incertezze e sorridere dei veti protettivi materni, nella sicurezza di agire sotto la "responsabilità" paterna, rassicura e rinforza il carattere del figlio.

Il gioco non è solo la base dell'armonia tra genitori e figli, e, nell'adolescenza, la base della fiducia, è soprattutto la fonte della "confidenza" che si acquisisce vivendo gioiosamente in famiglia.

Dai giochi funzionali dei primi due-tre anni di vita a quelli di imitazione e immaginazione degli anni successivi (le bambole – non più di due –, il cavalcare un bastone, l'imitazione degli animali, il gioco del dottore e ogni altra forma di imitazione del mondo adulto), con o senza regole, è importante ricordare che il susseguirsi degli eventi ludici non corrisponde a un progetto determinato, dato che in ogni fase del gioco si affrontano situazioni nuove. Il gioco ha sempre in sé qualche elemento imprevedibile che non costituisce solo il suo fascino, ma una componente fondamentale della vita sociale: se pensiamo che la vita è un'avventura, il gioco ne sarà lo specchio, avendo in sé quella componente di incertezza e di rischio (basti pensare al nascondino) che gli conferisce la bellezza, lo charme, l'assoluta utilità per la crescita individuale e il valore catartico di molte tensioni interiori. Ecco perché viene utilizzato dai tecnici sia per la diagnosi che per la terapia dei vari disturbi dell'infanzia.

Lo spirito fondamentale del gioco e la sua qualità essenziale, insomma, come diceva Nannetti, è l'assoluta imprevedibilità: "un folletto inafferrabile e sfuggente".

Riportiamo, infine, tra le tante, la classificazione dei giocattoli di Roger Pinon, da me aggiornata e in parte modificata (valida fino ai dieci anni). Ognuna di queste serie di giocattoli aiuterà i vostri figli a esercitare una particolare abilità, a imitare un'attività, senza bisogno di ricorrere ai tanti giochi "didattici" oggi in commercio.

1) *Giocattoli che danno modo di esercitare elementari azioni sulla materia*
- materia solida: attrezzi, cerchio
- materia liquida: mulini ad acqua
- aria: bandiere, aquiloni
- per esercitare forza e destrezza: altalena, palle, bastoncini (shangai), anelli, biglie, trottole, yo-yo, torni (da vasaio), dadi

2) *Giocattoli che imitano mezzi di trasporto*
- trasporto umano: gerle, panieri
- trasporto animale: bastone-cavallo, cavalluccio, cavallo a rotelle o a dondolo
- traino e circolazione: traini, slitte, carrettini, biciclette, automobili, carriole
- trazione e pilotaggio: meccanismi, cerchi
- navigazione: battelli, barchette
- trasporto aereo: aerei, missili, razzi
- vie di comunicazione: ferrovie, trenini, funivie

3) *Giocattoli che imitano le tecniche di fabbricazione*
- solidi stabili: meccano, blocchi o cubi
- solidi plastici: sabbia, plastilina, palloncini

- solidi agglutinati: colori, colle
- solidi morbidi: carta, nastri, stoffe, corde, rafia, bobine

4) *Giocattoli che imitano le tecniche di conquista*
- armi e dispositivi di protezione: lance, archi, balestre, frecce, fionde, cerbottana, fucili, revolver, cannoni
- caccia e pesca: trappole, lacci, reti
- animali: pesci, orsi, topi
- allevamento: gatti, cani, cavalli, buoi, mucche, cammelli, maiali, conigli, anatre, oche
- agricoltura: vanghe, badili, pale, rastrelli, innaffiatoi

5) *Giocattoli che imitano le tecniche di consumazione*
- alimentazione: schiumaiole, colabrodi, passini, taglieri, tritatutto, grattugie, stampi, cibi, casseruole, pentole, cucine economiche, piatti e scodelle, cucchiai, forchette, tazze
- vestiario: cappelli, veli, zoccoli, sci, pattini, ombrelli
- abitazioni: asili, fattorie, case per bambole, tende, mobili, sedie, armadi, casse, bauli, candelieri, candele, lampade, stufe, scope, spazzole, secchi

6) *Giocattoli che imitano gli elementi dell'ambiente naturale*
- vegetale: alberi, erbe, fiori
- animale: coccinelle, maggiolini, animali esotici
- umano: bambole, pupazzi, pastori, soldati

7) *Giocattoli che imitano l'esercizio dell'arte*
- pittura: libri da colorare...
- musica: fischietti, raganelle, strumenti musicali
- teatro: burattini, marionette
- cinema e macchine per proiezioni: vetrini, videocassette, videogiochi

8) *Giocattoli relativi all'imitazione della vita religiosa o di festività*
- vita religiosa: chiese, turiboli
- festività: maschere, alberi di Natale

9) *Giocattoli che si ispirano al mondo soprannaturale*
- nani, giganti, streghe, diavoli, scatole a sorpresa

10) *Giocattoli, strumenti del gioco d'azzardo*
- dadi, carte, scacchiere, gioco dell'oca e simili

Il tempo libero. Una volta, giocando nel cortile o per la strada, fuori della porta di casa, con i coetanei del vicinato, ci si sentiva al sicuro. Le grida dei bambini e dei ragazzi arrivavano alle madri occupate nelle loro faccende, e tanto bastava a rassicurarle. Il padre era colui che organizzava le passeggiate nei boschi, in cerca di funghi, noci, mirtilli, fragole ecc., in montagna, in bicicletta, che guidava alla scoperta del mondo. Più le escursioni erano faticose e più il bambino si sentiva gratificato. Spesso per lui la felicità era rappresentata da un'attività riuscita, da uno sforzo che raggiungeva lo scopo: "ho fatto come papà," diceva orgoglioso e raggiante alla madre, perché l'apprendimento della realtà era legato alla figura paterna.

Oggi molte cose sono cambiate, in città e nei paesi di provincia. Lo spazio autonomo per i bambini e gli adolescenti praticamente non esiste più: spariti i cortili, proibitiva la strada, è sparita la possibilità di giocare a guardie e ladri attorno alla casa o nel quartiere, la possibilità delle belle e sane corse col cerchio o delle gare con la trottola e tanti altri vecchi divertimenti altrettanto importanti per lo sviluppo "gratuito" nell'armonia motorica e dell'intelligenza. Sono ormai rarissimi i giardini, dove ormai è d'obbligo essere accompagnati, data la distanza da casa e i numerosi pericoli, e costantemente osservati a vista. La delinquenza, la droga, i sequestri sono una minaccia continua. Oggi persino il tempo libero deve essere pianificato e organizzato: per alcuni la palestra, per altri il nuoto, il karate, a orari spesso diversi per ogni figlio, orari che costringono una madre, quando non lavora, a trasformarsi in autista. Per la maggioranza dei ragazzi, invece, tempo libero equivale a Tv e videogiochi, vuol dire strada e più tardi il bar, la discoteca, il motorino.

Diventa così molto importante che il padre, a seconda dei luoghi di residenza, del proprio stile di vita e delle condizioni del bilancio familiare, si preoccupi del tempo libero del figlio sin dalla prima infanzia, naturalmente concordandolo con la madre ed eventualmente con i parenti disponibili.

Già dopo i cinque anni, occorrerà cercare di capire con tatto e dolcezza le preferenze del figlio rispetto a quello che fanno i suoi amici e alle sollecitazioni della scuola, insegnandogli a organizzare la giornata tra lavoro e gioco con appropriati suggerimenti e senza imposizioni.

Anche dopo i dieci anni, benché a quest'età sia molto difficile aiutarlo nell'organizzazione del tempo libero, bisognerà che un padre attento si impegni ad assecondare o contrastare le preferenze già manifeste del figlio, le sue amicizie più consolidate, la stanchezza, le noie, le evasioni della preadolescenza sempre imprevedibile e spiazzante.

Alcune attività sono meglio gestibili di altre. In successione per età, ecco i miei consigli.

Attività pratiche: a poco a poco e sin da piccoli (tre-cinque anni) avviare il bambino alle attività pratiche di casa. Piccoli lavori fatti, inizialmente, per imitazione: con la madre, spazzare, cucinare, lavare, stirare, apparecchiare la tavola ecc.; con il padre, lavare l'automobile, tinteggiare, piantare chiodi ecc. Lavoro e gioco nella fanciullezza quasi si identificano purché si possa stare con i genitori.

Sport: inteso sia in senso generale come movimento fisico (per esempio la palestra), sia come attività specifica che necessita dell'insegnamento da parte dei genitori e di istruttori (tennis, sci ecc.). Valore principale, anche in questo caso, è l'esempio: lo sport diventa più facile se a praticarlo sono anche i genitori. È bello e giusto far conoscere, fin dall'infanzia, il piacere dell'attività fisica insieme a quello di padroneggiare il proprio corpo. La scelta dello sport (tennis, nuoto, pallavolo, pallacanestro, atletica leggera, calcio ecc.) può essere legata a quella del padre, di altri parenti o degli amici, ma quando lo si comincia a praticare in modo sistematico, occorre che lo sport sia consono al tipo psicologico del ragazzo, oltre che alla sua struttura fisica. Non solo l'attività sportiva deve essere adatta a quel soggetto, ma occorre anche che sia il bambino stesso a desiderarlo; stancarsi per una disciplina amata favorisce, anzi crea, l'agonismo tra compagni, che si trasforma in elemento necessario a vincere la fatica dell'allenamento. Agonismo infatti significa saper emergere *con fatica*, così come nello studio; naturalmente non vuol dire diventare primo della classe o campione. Facendo capire al bambino questa importantissima differenza, si eviteranno molti stress da delusione per gli obiettivi mancati, stress spesso imputabili più al narcisismo dei genitori che a quello del ragazzo stesso.

Tutti sanno quanto siano utili, fin dai tre-quattro anni, la ginnastica ritmica, la bicicletta, la palla, il pallone, i birilli, gli slittini, e quanto sia emozionante lo sci, sport straordinario per tutti i caratteri, dal docile all'aggressivo, dal realista al sognatore. Ai bambini che presentano una psicomotricità non del tutto perfetta consiglio sempre di avvicinarsi a tale sport con tre-quattro lezioni singole, mentre a chi non ha di questi problemi, preferibilmente dopo i quattro-cinque anni, sotto la guida del genitore o del maestro di sci.

Comunque, per lo sci, come per qualsiasi altro sport (la pallavolo, il basket, che è ancora più completo del calcio ecc.), ci vuole sempre un'attività fisica globale. Non raccomando mai abbastanza due-tre ore di palestra in gruppo alla settimana; ottime le gite in campagna e in montagna e la bicicletta.

Fare sport: amarlo, viverlo in gruppo vuol dire anche imparare a godere nel vederlo fare: frequentare gli stadi con il padre vuol dire capire la parte bella dell'agonismo; solo chi fa sport può godere la bella manifestazione sportiva, solo chi fa veramente sport non diventerà mai il "violento" dello stadio, protagonista negativo della bellezza sportiva. In questo senso la responsabilità educativa del padre è grande: ma occorre iniziare dalla prima infanzia.

Cultura e divertimento: naturalmente, la Tv, i videogiochi armonizzati con gli impegni giornalieri, e, come momento privilegiato e di importanza primaria, la lettura. E ancora, la musica, fondamentale per una buona formazione culturale. È importante stimolare i ragazzi ad ascoltarla, a suonare qualche strumento, a conoscerne a grandi linee la storia, i grandi geni, le opere più famose, insieme alle più comuni, e inevitabili, canzonette. Accanto alla musica classica, infatti, ai concerti, le sinfonie, i melodrammi diretti dai più famosi direttori d'orchestra, non vanno dimenticati i complessi di musica leggera, che possono a loro modo arricchire la loro sensibilità.

Sovente consiglio di imparare qualche accordo alla chitarra e di cantare, come mezzi per socializzare con il gruppo: distensione e allegria saranno immediati.

Non mi pare bene, d'altronde, permettere a un ragazzo di ascoltare la musica mentre studia: al contrario, godersi un disco nei momenti di riposo insegnerà a distinguere il divertimento dal lavoro, e aiuterà a capire l'importanza della concentrazione per raggiungere il massimo rendimento.

Accompagnarlo, quindi, ai concerti e all'opera, significa scegliere uno splendido cammino attraverso il quale arricchire il bagaglio culturale di un ragazzo. Ormai l'ascolto e l'apprendimento della musica sono alla portata di qualsiasi classe sociale, sia in provincia che nelle grandi città.

E poi il disegno, non più come semplice attività di gioco (penso alle scuole materne), ma come fatto spontaneo, come momento di relax, per dar sfogo alla creatività a ogni età.

Una volta, c'era chi preferiva giocare a dama, a domino, alle costruzioni, o ai vari giochi dell'oca, e chi preferiva invece disegnare. Oggi, ahimè, i videogiochi prevalgono sui giochi antichi, più educativi e costruttivi!

Questo però non impedisce ai genitori di regalare al figlio una bella scatola di pastelli che possa indirettamente stimolarlo a "scaricarsi" con il disegno e con la dinamica dei colori. Usati in maniera spontanea e via via sempre più cosciente, esprimeranno tanti e diversi stati d'animo, e diventeranno una sorta di codice segreto della sua personalità.

Quando il bambino disegna liberamente mettendo a nudo

il suo carattere senza nascondere problemi più segreti, inconsapevolmente si abitua a dare forza al pensiero. Bisogna sempre tener presente che il disegno e la pittura sono una forma di comunicazione, di cui il bambino si serve ora in modo esplicito, ora inconsapevolmente.

L'interpretazione dei disegni non è mai semplice: è necessario osservare con attenzione le caratteristiche dei segni e delle immagini, farsi raccontare come li vede il bambino, analizzare le varie correzioni apportate allo schizzo, senza sforzarsi di trovare a tutti i costi delle spiegazioni.

Il genitore non deve infatti cercare di interpretare troppo rigidamente i disegni (compito difficile anche per uno specialista) e neppure fare continue osservazioni del tipo: "Cosa vuol dire?", "Come e perché hai distribuito le varie figure?".

Occorre invece notare se nei vari disegni ci siano caratteristiche ricorrenti, il tipo di oggetto o di figura, il modo in cui sono disposti, i colori preferiti e il tratto più o meno deciso della matita.

Il genitore che si fa raccontare il disegno e le tematiche preferite dal bambino, può scoprire da solo molti elementi psicologici del figlio, e anche quando non sarà in grado di capirlo, avrà però trovato un ottimo pretesto per stare con lui qualche minuto in più del solito.

Riguardo poi alle attività culturali, nelle quali la scuola è carente, la famiglia se ne dovrà occupare in modo attivo: basta volerlo.

Dico e ripeto di sensibilizzare alla cultura a qualunque classe sociale si appartenga: l'operaio, il professore, l'industriale, devono impegnarsi ad accrescere la cultura dei figli, invitandoli ad ammirare le opere d'arte e i monumenti del proprio paese, ad assistere alle conferenze, ai dibattiti culturali ritenuti più adatti alla loro età.

Le mie possono sembrare osservazioni banali e obsolete, ma sono ancora troppi i genitori che le rifiutano o che le accettano ma non le mettono in pratica. Se ci fosse infatti una reale volontà in questa direzione, oggi la cultura sarebbe alla portata di tutti. Inoltre, se i genitori non sono in grado, per mancanza di conoscenze o di tempo, di indirizzare i figli in tal senso, devono assolutamente pretendere che sia la scuola a colmare le lacune.

Incoraggiare una cultura artistica nei nostri figli abituandoli al bello, vuol dire suscitare in loro il desiderio e il bisogno di qualche cosa che li renderà migliori. Bello e buono sono infatti due aggettivi ancora oggi fortemente connessi. E i soldi spesi per la cultura sono sempre quelli a maggior rendimento...

Ho già parlato del valore della cultura letteraria extrascolastica, ma non mi sono soffermato sul teatro che, insieme a mostre e conferenze, si può seguire ormai ovunque, nelle città come in provincia. Distogliere i ragazzi dalla solita Tv mostrando loro alternative certo più stimolanti e utili alla loro formazione, sarebbe per tutti una battaglia vinta: cercate con loro i programmi segnalati su riviste e quotidiani. In pratica, fate in modo che il tempo libero dalla scuola diventi un momento di crescita.

Gli spazi culturali sono indispensabili alla maturazione dei ragazzi, soprattutto se il padre avrà una partecipazione attiva, diretta o indiretta che sia, al loro tempo libero; ancora meglio se, fin dalla più tenera età, padre e madre collaboreranno senza ossessioni e obblighi a fare della cultura uno degli aspetti gioiosi della vita della famiglia, coinvolgendo anche gli amici. Potrà allora accadere che con l'adolescenza si invertiranno le parti: saranno allora i figli ad aggiornarli in campo artistico e letterario! E questo, per un genitore, sarà un momento felice!

Gli orari. In ogni famiglia esiste il problema di rispettare determinati orari, e questo vale sia quando i figli sono piccoli, sia quando sono già cresciuti.

Le varie discrepanze e le inevitabili discussioni sorgono spesso dal caos che si crea nel dover gestire orari diversi, fatto inevitabile per genitori che lavorano in luoghi differenti e figli il cui ingresso a scuola varia da istituto a istituto. Anche in Italia comincia a essere diffuso il fenomeno dei "figli con la chiave al collo": i bambini escono da scuola, ritornano autonomamente a casa e vengono abituati ad apparecchiare la tavola, a scaldarsi il cibo e a mangiare da soli.

Raramente i figli pranzano insieme alla madre, e ancor più raramente godono della presenza paterna. È necessario che la famiglia recuperi almeno in parte il ritmo di un tempo, e cerchi un accordo cui tutti i suoi componenti si debbano e possano adeguare, con piacere e spontaneamente.

Il mio consiglio è che la famiglia si raduni sempre e sistematicamente a colazione e a cena, se a pranzo non è possibile.

Al mattino, non sarebbe male alzarsi quindici-venti minuti prima per ritrovarsi tutti seduti a tavola, anche se per poco tempo. Durante la colazione, preferibilmente abbondante, all'inglese, si possono così scambiare reciprocamente notizie sui programmi della giornata, auguri per la scuola e il lavoro, e poi... tutti via, dopo un bacio veloce che resterà sempre fra i più bei ricordi dell'infanzia.

La cena deve essere a un'ora fissa, che vada bene a tutti,

anche a costo di ritardarne un po' l'inizio nell'attesa del padre. Sarebbe stupendo se si ritornasse a casa a un orario convenzionale, che possa valere per la maggioranza della popolazione; il problema, così, sarebbe risolto. Per esempio, la cena fissata alle otto, otto e trenta, poi il Tg seguito dalla discussione con i figli sui fatti accaduti, e poi a letto, alla lettura, alla Tv o ancora allo studio, sempre con la sensazione di agire e imparare accanto ai propri cari.

Penso inoltre che il ripristinare un'ora convenzionale per la cena eliminerebbe la maggior parte dei piccoli litigi sul ritorno a casa dei ragazzi, dato che anche gli amici avrebbero lo stesso orario di rientro. Diverrebbe, questa, un'abitudine, un automatismo che anticiperebbe i piacevoli incontri tra coetanei, senza contare che dai sedici anni in su il dopocena sarebbe più lungo: chiedere di uscire un'oretta verso le nove è più accettabile che non alle dieci o alle undici, soprattutto nel periodo scolastico.

Se la Tv e la scuola si impegnassero a fondo per ristabilire questa semplice e antica usanza, la famiglia ne avrebbe un grandissimo giovamento, e forse i figli crescerebbero diversi: "incontrarsi", "incontrarsi tutti insieme", questo dovrebbe essere lo slogan per la colazione e la cena. Ridicolo? Superato? Un cammino a ritroso nel tempo autoritario dell'Ottocento? Affatto. La vita moderna, con Tv, sport, viaggi e cultura ben distribuiti e organizzati, aggiunge agli incontri intorno al tavolo da pranzo mille spunti di piacevole contatto. Anche il litigio e la discussione si trasformano in un piacere, quando ci si vuole bene. Se l'incontro è infatti veramente conviviale (ricordate: niente Tv durante la cena!), si può spaziare sul mondo, ognuno può raccontare la propria giornata, si può discutere di tutto: politica, lavoro, speranze, progetti familiari. Si evita la famiglia chiusa, che non è in grado di comunicare, e il ritorno a casa significherà il desiderio di un incontro sicuro.

Se però la cena si riduce a un rituale vuoto e statico e all'ascolto silenzioso del Tg, il ragazzo la riterrà al massimo una perdita di tempo: di fronte a un rientro così poco attraente, non si accorgerà neppure del suo ritardo, tutto preso dalla gioia di parlare con gli amici e con la fidanzata, e il cenare insieme risulterà noioso e poco proficuo. Detto questo, dovete riconoscere che il problema degli orari assume importanza dalla preadolescenza in poi, e che a questo proposito diverse sono le opinioni, benché in molte famiglie si assista ormai a una minore rigidità morale, cui si va sostituendo un maggior rigidismo provocato dalla paura.

Una volta, l'obbligo di rispettare gli orari del ritorno a casa riguardava prevalentemente le femmine, ma ora coinvolge anche i maschi. I pericoli del traffico e della vita attuale creano una diffusa ansia dell'attesa (basti pensare ai sempre più numerosi incidenti con i motorini).

In certi strati sociali, in certe periferie delle nostre città, e ormai anche in provincia, tale paura è più che legittima, dato il clima di violenza che ci circonda: "dovete essere a casa entro le sette!" ordina (e supplica) la madre, ma le amicizie premono; se poi si aggiungono le prime passioncelle o i piccoli flirt, le difficoltà aumentano: "mamma, ma il momento più bello per incontrarsi è prima di cena!", dice la ragazza, che poi, il più delle volte, è puntuale. Il ragazzo, invece, alza le spalle e non torna a cena, oppure arriva a tavola già sparecchiata. Lo scontro è spesso rimandato, ma prima o poi scoppia: il padre si arrabbia, l'atmosfera conviviale lascia il posto a un clima teso e non certo adatto al dialogo.

La rigidità per il ritorno serale del dopo cena è controproducente e va evitata. Mai essere troppo fiscali, ascoltare sempre i motivi della richiesta di rientrare più tardi spiegando il perché di un eventuale rifiuto e le ragioni dell'ora stabilita: ogni situazione ha le sue motivazioni, i consigli si possono dare ma sono appunto consigli, l'imposizione deve essere contrattabile. I ragazzi, però, devono imparare a rispettare l'ora promessa e a non fare mai aspettare la madre. Con un po' di severità dico sempre loro di promettere, semmai, una mezz'ora in più dell'orario cui pensano di tornare pretendendo, però, che mantengano la parola.

Tutte le madri entrano in uno stato d'ansia quasi fisica di perdita del figlio, e non meritano questo inutile dolore. Il padre deve quindi spiegarlo con calma ai figli e su questo punto essere rigido come lo sono io, psichiatra, nelle mie "ricette"!

Piccolo inciso sulle vacanze. Nelle mie conversazioni con i genitori mi capita di parlare anche di villeggiatura. Spesso sfugge che i mariti, in tema di vacanze, sacrificano le loro preferenze a favore di quelle di moglie e figli, e diventano quasi sempre insopportabili! Meglio quindi che sia il padre a decidere.

Per i figli non ci sono controindicazioni. Mare, collina, montagna, campagna, tutto è giusto e sano se possono stare a contatto con la natura e giocare all'aria aperta con gli amici.

In vacanza, il compito essenziale di un padre è dedicarsi ai figli, condividendo con loro il gioco, o insegnando loro ad ammirare le bellezze naturali e artistiche dei luoghi visitati. (L'Italia ospita il 53 per cento del patrimonio artistico mondiale...)

Per le vacanze di puro divertimento, vorrei consigliare di non essere rigidi, sia al mare che in montagna: la paura del sole, lo stare troppo in acqua ecc. Ricordare ai ragazzi che il bagno deve essere distante dai pasti, che le arrampicate non devono essere troppo lunghe, va bene... ma senza mai esagerare. Insomma, basta il buon senso. Radio, televisione e giornali fanno il resto, dando fin troppi consigli!

Il bagnetto. Il bagno è un momento magico nella vita del bambino.

La madre è quasi sempre la compagna preferita nel gioco con l'acqua. La mano materna comunica una sensazione di dolce sicurezza. Ma il padre può sostituirla molto bene in questo rito, tenendo presente, però, che se la madre lavora, è preferibile, direi addirittura necessario, che sia lei a occuparsene per riallacciare un contatto interrotto, giocando con il piccolo il più possibile, sempre con gli occhi negli occhi. È importante che la madre parli al neonato, commentando ad alta voce tutti i movimenti compiuti e nominando le parti del corpo toccate fin dai primi giorni.

Perché? Ma perché questo è uno dei momenti di più forte comunicazione, cui dovrebbe sempre seguire immediatamente il massaggio, altro evento di grande intensità comunicativa per il neonato. Non usate profumi: il neonato riconosce e interiorizza l'odore della pelle della madre. Il massaggio dev'essere un lieve sfioramento dei muscoli dalla periferia alla base, mentre i muscoli addominali vanno accarezzati con movimenti rotatori in senso orario, insieme a quelli del collo e della schiena, comprimendo tra le dita i paravertebrali dal collo al coccige, con mano piatta, oltre a leggeri pizzicotti ai glutei e ai muscoli facciali: il tutto in forma giocosa, alternato da baci e dimostrazioni d'affetto.

Per il neonato, questo sarà un gioco che rimarrà impresso per sempre nella sua memoria inconscia come uno dei momenti più belli della vita!

Spero che ciò non vi sembri strano o troppo singolare: l'arte del massaggio del neonato è antica, probabilmente resa necessaria dall'abitudine di tenere in culla i neonati completamente costretti nelle fasciature, tolte le quali occorreva aiutare a riattivare la circolazione.

Il massaggio facilita molto, anzi anticipa, la conoscenza delle varie parti del corpo, e dà sicurezza. Alcune recenti ricerche sembrano dimostrarne la facoltà di accrescere le difese immunologiche, mentre le vecchie balie sostenevano che aumentasse l'afflusso del latte della madre, dato il forte piacere che essa ricava dal contatto con ciò che ha creato.

Nella seconda infanzia, dovrete insegnare al bambino, senza ossessionarlo, le comuni regole igieniche, che dovranno essere recepite sotto forma di imitazione: non "lavati le mani prima di mangiare" ma "laviamoci le mani"; così, i denti, le unghie (ricordatevi che tagliare le unghie dei piedi è un'arte), i capelli ecc. Vi accorgerete che, a poco a poco, farà tutto questo da solo, fuorché la doccia e il bagno che verranno affrontati da soli verso i sette-otto anni circa, o, ancora per un breve periodo, con il genitore dello stesso sesso.

Non sarà inutile, inoltre, abituare il bambino, dai quattro anni fino all'adolescenza, a dieci flessioni quotidiane sulle ginocchia con rialzo lanciato e due profonde respirazioni (inspirando dal naso ed espirando dalla bocca), davanti a una finestra aperta se non si abita in città. Un'abitudine che, se osservata con costanza e insieme con spontaneità, potrà essere di validissimo aiuto alla vita sedentaria del "futuro scolaro".

Il sonno. Quanti luoghi comuni, quante abitudini sbagliate riguardo al sonno! C'è chi lo considera troppo breve e chi, quando il figlio dorme tranquillo per alcune ore, lo considera esagerato: le madri raramente interpretano con equilibrio una delle più importanti fasi della giornata del bambino. È quindi importante fissare alcuni punti di riferimento.

Durata media del sonno nelle 24 ore

fino ai 2 anni	16 ore
2-3 anni	15 ore
3-6 anni	14 ore
6-9 anni	10-11 ore
8-14 anni	10 ore

Questi sono dati relativi ma abbastanza indicativi per una corretta interpretazione dei ritmi psicologici del piccolo, che deve andare a letto presto, a ore fisse, nel suo lettino durante i primi anni, e poi nella sua cameretta, ben aerata, con la finestra lontana dal letto, il cuscino e il letto bassi, mai troppo coperto, sempre con il pigiama (i bambini piccoli, si sa, si scoprono con facilità!), e un campanello accanto per chiamare in caso di bisogno.

Sappiate, comunque, che le reazioni individuali a tali abitudini di norma sono diverse soprattutto nella prima infanzia (tre-quattro anni) e nella preadolescenza; ciò è logico, dato che ogni bambino ha il suo temperamento, le sue inclinazioni e i suoi tempi. Proprio per questo lo si deve educare dolcemente al sonno aiutandolo fin dai primi mesi a distinguere il giorno dalla notte.

La sera sarà scandita in fasi le più regolari possibili: il bagno, poi il pigiama, la pappa (dai tre anni, a tavola insieme agli altri), e infine a letto.

L'ambiente deve essere il più possibile tranquillo; sarebbe meglio spegnere la Tv almeno mezz'ora prima del sonno, dedicando questo tempo a qualche rito antico: prima la ninna-nanna, più tardi una fiaba a luci soffuse; è auspicabile, inoltre, addormentare il bambino nel suo letto, mai in braccio.

La poppata notturna deve essere rapida. Se il piccolo piange durante la notte, accarezzarlo tornando anche più volte, ma a intervalli sempre più lunghi, senza mai tirarlo su dal lettino. Qualora questi trucchi non dovessero funzionare, occorre tolleranza, accettazione, un comportamento coerente dei due genitori, senza conflitti.

Al bimbo serve sentire che i genitori si preoccupano di lui e lo proteggono. Se a uno dei genitori non è consentito, per gli orari o il tipo di lavoro, di perdere il sonno troppo frequentemente, sarà meglio che ogni tanto dorma da solo.

Qualora l'insonnia del bambino fosse accompagnata da dolori persistenti (coliche gassose ecc.), occorre interpellare il pediatra.

Nella maggior parte dei casi i genitori riescono ad analizzare le varie cause di queste difficoltà passeggere (cambiamento di casa, nascita di un fratellino, e tutte le altre interferenze negative di cui abbiamo già ampiamente parlato), ma troppo spesso dimenticano che è la serenità ambientale l'unica condizione per prevenire tali disturbi infantili e per guarirli una volta che siano insorti. Non bisogna allarmarsi, poiché le cause sono spesso paure banali, come l'alterazione dei ritmi di vita dei genitori, o cambiamenti occasionali di situazioni (viaggi, nuova casa ecc.); altre volte è il rifiuto della scuola (il disturbo scompare durante le vacanze), o una lieve depressione; può capitare, infine, che il sonno diventi il campo di battaglia in cui si scontrano le reciproche tensioni del contenitore familiare, fatto che provoca nel bambino una paura su cui sarà bene soffermarci. Io considero tale paura un sentimento di difesa nei confronti del nuovo: un viso mai visto prima, un rumore (per esempio un fulmine), un concetto appena acquisito (ladri, fuoco, terremoto...), un cambiamento di abitudini (basti pensare al passaggio dalla culla al lettino). Dico "difesa" perché in essa è implicita l'idea di una richiesta d'aiuto: non dimentichiamo che il bambino impara a pronunciare prima il no del sì e che il capriccio è spesso la reazione a un timore sottovalutato.

Attualmente, all'origine di molte paure ci sono anche immagini televisive che sfuggono al genitore, il quale magari non fa in tempo a neutralizzarne l'impatto negativo.

Spesso, ahimè, le paure sono provocate dai genitori stessi (una volta era l'uomo nero, ora è Batman l'invincibile che colpisce i bambini cattivi); prima era il cavallo imbizzarrito, ora l'incidente in automobile.

Se il bambino vuole la mamma vicino anche a sette-otto anni, lei potrà farlo per qualche tempo, poi basterà l'orsacchiotto o un altro oggetto amato (quello che Donald Winnicott definisce "oggetto transizionale") a calmarlo.

Riparlando del sonno, ricordate che alcuni disturbi sono praticamente normali, altri, invece, vanno osservati con maggior attenzione e spiegati al pediatra che potrà consigliarvi nel caso uno specialista.

Sono moltissimi i genitori spaventati dai soliloqui notturni dei figli. Li può forse aiutare ricevere qualche informazione sulle forme e le cause di queste non gravi anomalie, facili da scoprire e da eliminare.

Il soliloquio si manifesta nel 12-15 per cento dei bambini circa. Parlare nel sonno non è legato a nessuno stadio in particolare dello sviluppo e può presentarsi a qualsiasi ora. Possiamo definire gli incubi come sogni carichi di ansie e paure tali da determinare un parziale risveglio del bambino. Non è detto che il bambino che si svegli sia terrorizzato, spesso può semplicemente raccontarvi la sua angoscia e riaddormentarsi, dopo essersi fatto rassicurare.

Le cause sono da ricercare nell'incauta visione di fatti drammatici in Tv, in certi discorsi degli adulti, in certe letture e così via. Tenete conto che l'età più sensibile è tra i tre e i nove anni.

Quanti di noi non hanno avuto almeno un episodio di *pavor nocturnus* nell'infanzia? E da bambini, nella fase di sonno profondo (i primi 90-100 minuti), non abbiamo forse mai lanciato urla di terrore gridando mamma, senza svegliarci del tutto, seduti sul letto con gli occhi sbarrati?

Quindi non preoccupatevi troppo se, correndo al lettino, trovate il bambino spaventato che si agita come volesse difendersi cercando aiuto e scoprite di non riuscire a rassicurarlo.

State calmi: dopo pochi minuti si riaddormenterà e al mattino non ricorderà più nulla.

Se l'avvenimento si dovesse ripetere una seconda volta, occorrerà per scrupolo informarne il pediatra.

Il sonnambulismo, che tutti conosciamo, è piuttosto raro (1-2 per cento tra i cinque e i quindici anni): non sempre è un fenomeno che si ripete, si presenta verso la fine del sonno profondo (3-4 ore dopo l'addormentamento), nel momento in cui il soggetto, passando al sonno leggero, può compiere azioni complesse come svestirsi, rivestirsi e deambulare, senza alcuna espressione di paura e di terrore. Il bambino è come un fantasma vagante che, dopo pochi minuti, al massimo dieci, torna a dormire dimenticando l'accaduto. Una manifestazione che non ha alcun valore patologico anche se numerosi sono stati gli studi sui neurotrasmettitori cerebrali, come pure le indagini in campo psicoanalitico. Riguardo a questi episodi, vorrei ricordaste che, pur con movimenti finalizzati, i sonnambuli a volte sono un po' scoordinati e può accadere che inciampino e in certi casi si feriscano. Se il fenomeno persiste, cercate di studiarlo sul piano psicologico, soprattutto se è legato a qualche altro disturbo ansioso o comportamentale della sua vita di relazione.

Ci sono poi alcune madri che si preoccupano per quel dondolio ritmico del capo antero-posteriore o latero-laterale, più o meno forte, che dura anche un quarto d'ora durante la fase dell'addormentamento: è la *iactatio capitis*, un fenomeno assolutamente naturale, che non necessita di intervento. Va preso piuttosto in considerazione se simultaneo ad alcuni avvenimenti, cause familiari o scolastiche (per esempio l'entrata alla scuola materna).

Vi chiederete perché abbia menzionato alcuni disturbi del sonno, così poco importanti in fondo da essere nella norma; il motivo è semplice: possono creare angoscia nei genitori. Ho quindi preferito in un certo senso prevenire le loro ansie affinché siano tranquilli e trasmettano a loro volta tranquillità al bambino. Se ciò non avviene debbono ricorrere al loro pediatra di fiducia.

L'insonnia in età evolutiva è rarissima e in genere non c'è bisogno di calmanti, ma se provoca anche la minima ansia nei genitori, anche qui propendo a suggerire l'intervento del pediatra, senza dimenticare, prima di interpellarlo, i classici calmanti "della nonna" e un attento ascolto di quel che dice il piccolo che non si addormenta.

Il vitto. Non desidero parlare dell'alimentazione, e quindi del "cosa", ma del "come" mangiare. A me interessa la "tavola", il "convivium", come gli antichi definivano il pranzo: lo stare insieme.

Su questo stare insieme desidero soffermarmi un po' più a lungo perché lo ritengo un momento essenziale nel mondo attuale, perennemente in corsa.

Pur avendolo già ricordato più volte, non mi stanco di ripetere che i pasti devono essere abbastanza regolari, per quanto lo consenta l'orario di lavoro dei genitori. Fin dove è possibile, l'ideale sarebbe sempre colazione e cena insieme.

Al mattino sarebbe bene spendere una quindicina di minuti in più e stare tutti seduti a tavola davanti a una colazione abbondante e da consumarsi senza ansie prima di correre ognuno al proprio lavoro. È fondamentale poi cenare di nuovo insieme, cercando di armonizzare gli orari dei vari membri della famiglia, soprattutto con figli adolescenti: niente Tv a tavola, per poter conversare, scambiare notizie, punti di vista, programmi di studio, commenti sportivi, politici, di cronaca, e tutto nella forma più democratica possibile (padre!).

Scusate se ripeto cose già dette, ma proprio l'insistervi dà la misura di quanto siano importanti.

Abolire ogni rimprovero a tavola (non alzarti, non muoverti, stai dritto, non appoggiare i gomiti, pulisciti la bocca ecc.). È preferibile che il bambino mangi con le mani e acquisti più velocemente la sua autonomia, piuttosto che usi bene le posate ma molto più tardi. Anche qui, è importante l'esempio o un consiglio dato con dolcezza: se vuole assaggiare il cibo con le dita non è grave!

Dopo il pasto, a quattr'occhi, il genitore potrà cercare di spiegargli, in un modo adatto all'età del figlio, come sia opportuno comportarsi (sei già grande..., fallo per farmi piacere... ecc.).

L'ora di pranzo e di cena è un momento di distensione, di armonia. Un'atmosfera tranquilla, inoltre, facilita la digestione!

È importante trovare la giusta maniera di trasmettere ai figli le norme igieniche e l'educazione che permetteranno loro di non trovarsi a disagio in società. Il mezzo è uno solo: l'esempio. Il bambino, come ormai abbiamo imparato, è un grande imitatore; imparerà dunque le buone regole e le introietterà se gli saranno insegnate dolcemente: "fai come la mamma", "così sei già grande"... Ricordiamoci sempre che le regole di una buona educazione formale sono state create per non disturbarci e renderci sopportabili gli uni agli altri.

Non dimentichiamo che i figli avranno l'educazione formale dei genitori! Sfruttate le loro capacità imitative senza rimproveri, e prima o poi sortiranno l'effetto desiderato: lavarsi i denti, lavarsi le mani prima di mangiare o in altre occasioni, salutare l'ospite, pettinarsi ecc.

Sin dai primi anni, le cose si fanno insieme con naturalezza, poi si spiegano e infine i ragazzi agiranno da soli.

Tutto questo è valido solo se i genitori non sono ossessionati dalla pulizia, dai formalismi, e soprattutto se sono comprensivi verso la natura del figlio, ricordandosi che dagli undici ai quattordici anni i ragazzi hanno pochi scrupoli igienici.

Tornando al vitto, anche qui l'adozione di un rituale sarà molto apprezzato. Dovrebbe essere la madre, ancora una volta, a servire tutti: prima il marito e poi i figli. Un piccolo trucco per non scontentare nessuno consiste nell'iniziare dal primogenito per le prime portate, e dall'ultimo per la frutta e il dolce. Meglio distribuire porzioni piccole: è preferibile che richiedano un secondo piatto ("com'è buono") e imparino a non lasciare il cibo.

In ogni famiglia c'è sempre una tartaruga... Se qualcuno è più lento, la madre dovrebbe invitarlo con dolcezza a finire per poter servire a tutti l'altra portata (mai dire "sbrigati", con tono di rimprovero).

Se la tartaruga rimane tale, ignoratela a tavola, spiegando poi a quattr'occhi l'importanza di andare avanti insieme, senza guardare nel piatto, ma parlando invece con gli altri.

Vitto semplice e cibi naturali, pochi condimenti, poco sale: verdure cotte e crude dai cinque anni in su, formaggi, latte, uova, carne e soprattutto pesce, preferibilmente alla griglia, frutta, pane fresco o abbrustolito anche a colazione, pochi biscotti, solo acqua, e preferibilmente alla fine dei pasti. "Ma la cioccolata, il miele e la marmellata a quell'età sono importanti...!" dicono le madri. Accontentiamole, senza esagerare.

A tavola tutti insieme al più presto, possibilmente già dai due-tre anni, e solo sino ai tre-quattro (salvo ragioni mediche) cibi particolari, poi cibo uguale per tutti: "si mangia quel che passa il convento", un vecchio detto che è ancora valido. Il successo di un buon equilibrio dipende dalla madre, che deve proporre un vitto sano, variato, ricordando che mangiare non vuol dire abbuffarsi ma nutrirsi e che, finito il pranzo, si va a giocare, a lavorare o a studiare non appesantiti da una lunga digestione. Il vitto è la base per una famiglia in salute. Il padre, perché no?, potrà sempre ricordare ai figli l'antico proverbio "l'uomo non vive per mangiare, ma mangia per vivere".

I genitori, poi, devono tener presente che oggi il 14 per cento di bambini e adolescenti è sovrappeso; solo il 20 per cento di questo 14 è di origine organica, mentre l'80 per cento è riferibile a errori alimentari e, di questo, il 40 per cento deriva dall'imitazione dei genitori "mangioni".

Il "cicciottello" comincia con il prendersi in giro e il fare il simpaticone, ma poi finisce spesso per sviluppare gravi complessi d'inferiorità nei confronti dei compagni (specie alla scuola media). L'imitazione, dunque, vale anche in senso negativo!

Se invece ci troviamo davanti a un bambino che nei primi anni è inappetente per più di due-tre giorni, sarà necessario l'intervento del pediatra; dopo i tre anni occorre rispettare l'inappetenza senza insistere e mostrarsi preoccupati: può dipendere da convalescenze, medicinali, o da dolci e cioccolata abbondanti, stitichezza con leggera disfunzione epatica, o noia, leggera depressione, stanchezza, dispiaceri o rotture con l'amico...

Modificate in parte il vitto, ascoltate le loro ragioni con estrema calma. Molti genitori pretendono di vincere l'inappetenza distraendo i bambini: giochi, canti, pagliacciate o favole... Sono capaci di inventare le cose più stravaganti, arrivando addirittura a vere e proprie "crudeltà" imboccandoli mentre stanno per addormentarsi, spalancando loro a forza la bocca...

Sappiate aspettare. In una famiglia normale nessun bambino muore di fame. Attendere vuol dire capire meglio il rifiuto del cibo: se il motivo è funzionale, prevarrà l'istinto della fame, se il motivo dipende da una qualche patologia, va capito per poter provvedere.

Non siate aggressivi nel dare o offrire il cibo: anche i bambini hanno una variabilità e un'incostanza di desideri, che mutano da un giorno all'altro.

Un ultimo consiglio: capita che alcuni bambini rifiutino in modo assoluto un cibo specifico; parlatene senza insistenza, e mai a tavola. Se perdura, magari è legato a un ricordo traumatico che a voi sfugge. In questo caso, accettate il rifiuto senza commenti, può darsi che con il tempo passi.

In sintesi, pranzo vuol dire distensione, conversazione, maggior conoscenza dei figli, educazione alla pari.

Vitto giusto vuol dire peso regolare e, quindi, allontanare il pericolo di diete, ginnastiche per dimagrire, preoccupazioni per il proprio aspetto (ho già accennato alla dismorfobia dell'adolescenza).

È difficile e spesso inutile trattare il problema del cibo con preadolescenti, ma se un ragazzo dai tredici ai diciassette anni perde il 10-15 per cento di peso o lo aumenta fortemente senza ragioni plausibili, ricorrete al pediatra e poi, eventualmente, allo psichiatra, per escludere che si tratti di anoressia o bulimia: problemi, cioè, non più di alimentazione, ma di natura psicologica, che come tali vanno trattati e immediatamente curati.

Le punizioni. Troppo spesso si considera la punizione come l'unico mezzo serio ed efficace per educare. La mia esperienza mi dice che si tratta di un errore gravissimo: bisogna punire il meno possibile e solamente per fatti gravi. In caso contrario la punizione perde qualsiasi valore educativo. Se reagite sotto la spinta della collera, non date mai un castigo, che sarebbe senz'altro immeritato, sproporzionato rispetto alla gravità dell'atto commesso e non certo basato su un principio assoluto.

Cercate invece di capire se le frequenti, piccole mancanze, non siano dei messaggi di vostro figlio, che riconosce nella punizione un mezzo per avere una madre più attenta e concentrata su di lui. È una reazione frequente in bambini che si sentono trascurati da madri troppo occupate. Se comunque non sono contrario in assoluto alle punizioni, mi oppongo ferocemente, oltre che agli schiaffi, a frasi del tipo "non ti voglio più bene" insieme al ritornello "devi imparare!".

Quindi, né le punizioni "intellettuali", né gli schiaffi perché umilianti e lesivi dell'autostima; inoltre un genitore infuriato spesso non è in grado di controllare la sua violenza e il bambino, girando spontaneamente il capo per difendersi, riceve lo schiaffo nella zona zigomata, molto delicata e a volte pericolosa (per la stessa ragione sono contrario ai colpi di testa con palloni pesanti).

Lo ripeto, sono assolutamente contrario a minacce del tipo "non ti voglio più bene"; la punizione, infatti, non sta tanto nel dolore fisico di una sculacciata o della percossa inferta con oggetti vari (questo è addirittura abuso) quanto nell'espressione della madre (o del padre) e quindi nella paura di perdere il loro affetto. "La mamma non mi vuole più bene!", questo è disperante.

Inoltre, il bambino solitamente non capisce la punizione corporale per dovere educativo. Meglio, dunque, la punizione della madre di "tipo napoletano" che, se agisce con il dovuto equilibrio, strilla, si infuria, ansima, e quando anche le scappa una lieve sculacciata, fa in modo che non sia mai offensiva o traumatizzante. Schiaffi, cinghiate, pizzicotti sono abusi fisici, sempre. E, lo ribadisco ancora una volta, no ai musi lunghi o alle minacce di togliere l'amore.

La punizione è un mezzo quasi indispensabile per insegnare certe regole attraverso la correzione di azioni pericolose: non si deve mai risolvere, però, in violenza o in aggressività, così come gli urli non devono mai essere espressione di rabbia e cattiveria, né sfogo di una nostra frustrazione. Il bambino deve introiettare il dispiacere della madre, senza, tuttavia, che la punizione susciti in lui la sensazione di ingiustizia.

Il genitore aggressivo che non domina i propri impulsi, non solo non corregge gli errori del figlio, ma, nell'offenderlo, indirettamente gli insegna a risolvere i problemi mediante collera e violenza.

Noi tecnici sappiamo bene che l'aggressività in un ragazzo, e poi, di conseguenza, nell'adulto, deriva, in alta percentuale, dall'infanzia, nel corso della quale viene assorbita, subìta e vissuta nella caratteriologia negativa del clima familiare. Occorre fare molta attenzione a non punire mai un bambino davanti ad altre persone, parenti o estranei che siano: il padre davanti alla madre, la madre davanti al padre, i genitori davanti ai fratelli. I rimproveri vanno sempre gestiti a quattr'occhi, soprattutto quando il figlio comincia a frequentare la scuola.

Ricordatevi, poi, che, in particolare nell'adolescenza, punizioni di altro tipo sono molto più difficili: niente motorino, niente Tv ecc.

In genere un bambino, fino ai sei anni, pur cogliendo immediatamente il dispiacere di un genitore, spesso è incapace di comprendere il valore e il significato della punizione, e il suo rapporto con la propria disobbedienza. Più tardi, con calma, bisognerà spiegargli tutto ciò, ed è preferibile che a farlo non sia il genitore che l'ha punito.

La punizione, infine, deve essere coerente, immediata (soprattutto nella fanciullezza, altrimenti il bambino non ne ricorderà il motivo) e mai eccessiva.

Anche per questo, ritengo che sia assolutamente da evitare (se non in casi particolarmente gravi) il riferire un'eventuale mancanza al genitore che, per qualsiasi motivo, era assente al momento del fatto. Al suo ritorno, egli non potrà assolvere il compito di ricreare un dialogo con i figli, se sarà costretto a vestire la maschera di "giustiziere".

Continuiamo la nostra serie di esempi accennando ad alcuni problemi comportamentali che possono essere fonte di preoccupazione per i genitori.

I capricci. Il bambino capriccioso è certamente un bambino che sta attraversando un periodo difficile o che, addirittura, sente già da piccolissimo il bisogno di contestare il mondo esterno cui gli sembra di non appartenere e che vive come estraneo.

C'è sempre un fratello più capriccioso dell'altro, ma la

madre non sempre sa spiegarsene il motivo. Cerchiamo perciò di riflettere insieme su questo fastidioso disturbo del comportamento.

Il capriccio è l'espressione di varie situazioni psicologiche possibili, di varie necessità, che l'adulto potrà capire solo se, di volta in volta, proverà ad analizzarne le cause. Occorre ricordare che nel capriccio c'è sempre il desiderio di affermare la propria volontà e individualità.

Tipiche e molto frequenti le crisi di opposizione dai tre ai quattro anni, periodo in cui il capriccio regna sovrano. Il bambino, impadronitosi del pronome "io", comincia a considerare con maggior chiarezza il proprio ambiente, attaccando o chiudendosi in dignitoso silenzio.

Tra le varie cause, si annoveri l'ingresso alla scuola materna, dove il piccolo si trova a confrontarsi con un mondo di adulti e compagni assolutamente nuovo.

Per capire gli scatti e i pianti aggressivi di vostro figlio, dovete essere consapevoli che nel capriccio vi è sempre, per lui, un motivo molto serio e apparentemente irrisolvibile. Dovrete quindi ascoltare le sue proteste, attenti a coglierne origine e natura, anche perché, il più delle volte, sono gli involontari errori dei "grandi" o le impercettibili offese alla sua dignità, insieme alle sue ansie, a provocare le reazioni di collera. Bisogna quindi interrogarlo sui suoi sogni, sui rapporti con i compagni, senza trascurare vostre possibili preferenze per un altro figlio.

La nascita di un fratellino, annunciata precocemente, o senza le dovute cautele e spiegazioni che proteggano la delicata sensibilità del piccolo dal terrore di perdere gli oggetti amati, può costituire per lui un vero trauma psicologico. È bene che diventi, dunque, l'occasione per approfondire e per conoscere meglio la sua fragilità emotiva, e che vi serva da stimolo a correggere il vostro comportamento nei riguardi del nuovo arrivato.

Ci sono poi i capricci che dipendono dallo scontro del bambino con problemi più o meno reali: per esempio, il rifiuto della scuola, causato dal suo disagio di fronte alle difficoltà, affettive o intellettive, insorte in un ambiente sentito ancora estraneo. Proprio attraverso il capriccio, allora, il bambino manifesta la sua protesta contro le esigenze della realtà che non riesce ad affrontare e che impone delle sensibili limitazioni ai suoi bisogni istintivi. È chiaro che, in questi casi, il capriccio si scatena anche davanti a richieste dell'adulto apparentemente giuste, ragionevoli e proporzionate alle sue possibilità; il bambino, cioè, sta cercando di esprimere una generica opposizione al mondo, senza sapere esattamente quale altra realtà preferirebbe.

Lo scatto di rabbia e il pianto convulso possono esplodere anche in seguito a una frustrazione eccessiva, o per un insopportabile bisogno di tenerezza, provocato da una insicurezza profonda; il bambino, insomma, cerca di ottenere dimostrazioni d'affetto dall'adulto che, cedendo e sottomettendosi alla sua esigente e dispotica volontà, può così confermargli il proprio amore.

Non sentitevi troppo in colpa, però. I capricci, infatti, possono essere anche la conseguenza di una iperprotezione da parte vostra nel corso della prima infanzia, causata da malattie, difetti di crescita o altri problemi che hanno turbato la vita e l'armonia familiari conducendo a un permissivismo esagerato.

Se poi scoprite che esiste una forte gelosia nei confronti dell'ultimo nato (complesso di Caino), dategli sempre la precedenza nei riti domestici quotidiani, cercando di accentuare il rapporto con la figura paterna e sottolineando la sua maggiore età.

Per fortuna, i capricci diminuiscono man mano che il bambino cresce, anche se possono tuttavia sfociare, nella preadolescenza, in crisi di opposizione irrazionale e acritica: improvvisamente il ragazzo può giungere, infatti, a un'aggressività tale da rompere suppellettili e oggetti di casa, per non perdere la sua egemonia.

In questi casi occorre favorire con tatto la sua socializzazione, non solo incanalandolo in qualche attività pratica con il padre o gli amici cui si possa appassionare, ma cercando di chiarirgli meglio i concetti di premio e castigo. In alcuni casi, però, occorre l'aiuto di uno specialista, perché tale comportamento potrebbe nascondere un complesso psichico di cui il capriccio aggressivo sarebbe solo il sintomo manifesto.

Disturbi del linguaggio. Il problema dei disturbi del linguaggio è molto complesso. Mi limito perciò a dare qualche indicazione generale, qualche consiglio o chiarimento che potrà essere utile.

Non bisogna dimenticare, innanzitutto, che le fasi di sviluppo della parola variano da caso a caso, dato che la velocità di apprendimento del linguaggio è una caratteristica individuale geneticamente predeterminata.

Ricordiamo le fasi principali:

5-8 mesi lallazione (pa...pa..., ma...ma..., bla...bla...) *12-15 mesi* prima parola (scientificamente papà, perché più facile; in pratica, quasi sempre mamma!) *18/22 mesi – 3 anni* prima parola-frase (pappa – voglio la pappa) *3 anni circa* pronome "io" verbo (*voglio* la pappa) *4-5 anni* a poco a poco la frase si completa e, contemporaneamente, si arricchisce il vocabolario

Per parlare si deve potere, e al tempo stesso volere, farlo. Ma poter parlare significa soprattutto sentire bene e desiderare di esprimersi con la parola. Se ci si accorge che il piccolo risponde al richiamo, vuol dire che è in grado di parlare e che non presenta deficit uditivi gravi.

Eliminato questo dubbio, se il piccolo comprende e si fa capire, non è da considerarsi per nulla preoccupante un ritardo rispetto alle date sopraddette, soprattutto se il bambino si aiuta con i gesti.

Interessante, e per certi versi divertente, accorgersi di un ritardo nell'espressione (quando non sia però accompagnato da un ritardo nella comprensione), quando il piccolo ha un fratello più grande, che funge da "ministro degli esteri", e del quale si serve per comunicare con il mondo esterno evitando così di fare fatica. All'improvviso e inaspettatamente, un certo giorno incomincerà a parlare normalmente, come si conviene alla sua età (3-4 anni).

È fondamentale che i genitori e i nonni non insistano mai con frasi come "come si dice?", "se lo dici bene te lo do". Quando capiscono quello che vuole il bambino, che indica l'oggetto o vi porta vicino l'adulto, allora si potrà pronunciare la parola giusta (ah, vuoi il pane...); soltanto se la richiesta del bambino è davvero incomprensibile (accade di raro, il più delle volte la madre non ha difficoltà a decifrare il linguaggio del figlio), sarà legittimo insistere.

Vi pregherei, inoltre, di non preoccuparvi se tra i diciotto mesi e i due anni si presenta una lieve balbuzie: è quasi fisiologica, specie in bambini precoci il cui pensiero procede più velocemente delle loro possibilità espressive. Non sottolineate il fenomeno con immediate correzioni, manifestazioni di sorpresa, sguardi preoccupati: il bambino se ne accorge subito! Piuttosto, parlategli lentamente, senza costringerlo a ripetere le parole e a bloccare il pensiero che in quel momento cercava di esprimere in fretta. Mai ridere o scherzare sull'argomento! Fargli notare e pesare il disturbo significa, il più delle volte, contribuire a fissare un difetto che sarebbe solo passeggero e che spesso è dovuto alla sua precocità. Sarà molto utile, invece, farlo cantare, ripetendo insieme filastrocche e facili canzoni melodiche.

Anche nel caso pronunci male alcune consonanti (di solito la r, detto rotacismo), evitate di sottolineare l'errore e di volerlo a tutti i costi correggere. Nella maggior parte dei casi ciò avverrà autonomamente. Solo nel 10 per cento dei casi saranno necessarie alcune sedute di logopedia.

Ritengo sia fondamentale parlare molto, e sempre lentamente, con il piccolo, dicendo sempre ad alta voce quello che gli si sta facendo. Durante le diverse fasi delle manipolazioni, nominare le varie parti del corpo, i cibi, il vestiario ecc.

Qualora il bambino persistesse nella difficoltà a comunicare, non perdetevi d'animo e continuate a parlargli durante i giochi e le passeggiate, insistete nel mostrargli le cose e descrivergliele, fornendo le più ampie informazioni possibili.

Se però vi accorgete che intorno ai tre anni vi è un disturbo di comprensione e il bambino non risponde a tono con parole e gesti appropriati, o dice parole in libertà, allora occorre stabilire se si tratta di un disturbo semplice del linguaggio o se è opportuno il consulto di uno specialista. Rivolgetevi pure al vostro pediatra ma aspettate con calma e fiducia almeno qualche mese.

Il problema della balbuzie, cui prima accennavamo rispetto alla sua manifestazione passeggera in tenera età da considerarsi fisiologica, può invece assumere forme più serie. Comincia sui sette-otto anni o all'inizio della pubertà, molto più frequentemente nei maschi che nelle femmine (rapporto di sette-otto a uno). Può presentare forma clonica o coreiforme (ripetizione convulsiva di un fonema), tonica o tetanica (blocco per qualche suono), atonica (il soggetto si interrompe), polilalica (introduzione improvvisa nel corso della frase di un fonema unico che non ha alcun rapporto con il resto del discorso). Talvolta, si accompagna a una perturbazione del ritmo respiratorio e dei movimenti parassiti della lingua, labbra, faccia e a turbe vasomotorie, che suscitano logiche e scontate reazioni nel mondo esterno. La nostra società raramente sa come la balbuzie si verifichi spesso in soggetti dall'intelligenza superiore alla norma.

Non mi soffermo, in questa sede, a parlarvi di questo disturbo da un punto di vista tecnico e specialistico. Mi limiterò a cercare di pormi dal punto di vista del genitore e delle sue paure. Anche in questo caso, bisogna evitare di sottolineare il problema (parla adagio, pensa prima di parlare ecc.) continuando, piuttosto, a parlare con il bambino con calma e controllo, particolarmente necessari a quegli adulti che, nell'agitazione del discorso, sono portati a esprimersi troppo velocemente, addensando le parole una sull'altra. Come abbiamo già avuto occasione di ricordare, è importante cantare con il piccolo, dato che quando canta la balbuzie svanisce. Proprio su questo principio, per esempio, si fonda la musicoterapia, la cui origine risale alla famosa Scuola di Rapallo.

Cercate infine di stimolarlo il più possibile a leggere a voce alta, a recitare poesie e pezzi di teatro. Ciò aiuta molto ad attenuare, o addirittura a eliminare questo disturbo, e lascia al bambino un'autosuggestione positiva.

Se invece la balbuzie dovesse accentuarsi, verificandosi anche fuori dall'ambiente familiare, sarà meglio rivolgersi a uno specialista.

Tic, fobie, ossessioni. Tic, fobie e ossessioni sono manifestazioni che, se modeste, colpiscono poco i genitori, i quali a loro volta possono presentarne. Se però i sintomi ticchiosi, fobici o ossessivi sono evidenti e persistono nella durata, diventano fonte di preoccupazione. In questi casi consiglio di rivolgersi subito a un tecnico.

Vediamo insieme le principali caratteristiche di questo genere di sintomi:

– variano molto di gravità: possono causare disturbi pratici insignificanti, o, al contrario, provocare addirittura un blocco di attività (alcune forme fobico-ossessive)

– nell'arco evolutivo, si evidenziano più facilmente in certi periodi: i tic già a tre-quattro anni, fobie e ossessioni verso i sette-otto, e poi nella preadolescenza

– spesso, soprattutto i tic, scompaiono e ricompaiono in presenza di particolari stress emotivi: morte di un genitore, separazioni e divorzi, traumatico ingresso nella scuola, traumi sessuali ecc. Spesso i genitori, riconoscendo queste evidenti concomitanze, sperano in una soluzione spontanea del problema e ritardano nel chiedere consiglio.

Il rapporto tra tic e ossessione è molto stretto: nella gran parte dei tic si può evidenziare una struttura ossessiva, e, viceversa, in alcune forme ossessive ci sono molti "riti di scongiuro" che assumono le caratteristiche di tic – movimenti rapidi, immediati, quasi automatici, difficili da impedire senza creare angoscia. Infatti, sono movimenti appunto liberatori di un'angoscia causata da complessi di vario tipo interiorizzati.

Tranne che in rari casi, la maggior parte di queste sindromi sono manifestazioni esterne di reazioni a conflitti inconsci, difficili da svelare senza una psicoterapia.

Talvolta possono condurre a una nevrosi ossessiva, caratterizzata dalla presenza di idee fisse che acquistano carattere morboso per la loro incoercibilità. Altre volte le idee ossessive si manifestano come una paura morbosa, conducendo alle varie fobie (del vuoto, dei cani, dell'aereo, del chiuso ecc.).

In questi casi posso dare poche ma utili indicazioni: mai combattere il tic, la fobia, l'ossessione, se non costituiscono impedimenti sensibili alla vita normale, sia in casa sia fuori. Certe manie dell'ordine o della pulizia possono essere mitigate attraverso piccoli suggerimenti, assolutamente mai con divieti. Tali strane paure non devono essere confuse con le vere e proprie fobie, spesso passeggere (ladri, buio ecc.), provocate, invece, da racconti, letture, avvenimenti cui si è assistito.

Se i sintomi persistono troppo a lungo, si aggravano, e, qualora vengano volontariamente bloccati, provocano forti angosce, bisognerà, come ho già detto, chiedere l'aiuto di uno specialista. Nella maggior parte dei casi è possibile ottenere buoni risultati.

La droga. Viviamo in un'epoca caratterizzata dal desiderio di evitare in qualsiasi modo sia il dolore fisico sia quello psichico; non solo i mass media, ma anche i medici sono favorevoli agli ansiolitici e antidolorifici, ai medicinali contro l'astenia, la tristezza, la depressione, il mal di testa. Un'epoca, insomma, in cui all'alcol si sono aggiunti il fumo e le "pillole" nel creare paradisi artificiali.

La droga è spesso intesa dall'adolescente come una "stampella chimica" particolarmente efficace, arricchita ancora di più dal fascino del proibito, che la rende diversa dalle tante pillole dell'armadietto di casa. Queste servono soltanto come "occulta facilitazione" alla droga, andando ad aggiungersi ai giornali e ai mass media, cassa di risonanza all'attività degli spacciatori.

Caduta delle ideologie e del senso religioso, incertezza del futuro, umanità sempre più crudele e corrotta spingono i giovani a fuggire nell'essenzialità del sogno, nella dolce euforia di un mondo diverso. Gli eroi della rivoluzione negativa della droga diventano i portavoce del rifiuto di una civiltà violenta, calandosi nella nuova religione della protesta autodistruttiva.

Tali sono i motivi e le giustificazioni che mi sento ripetere da questo tipo di pazienti, soprattutto quando, sebbene ridotti allo stremo delle forze, hanno ancora in sé qualche scintilla di lucidità che li spinge a parlare, come se volessero comunicarci un messaggio...

Poiché il minimo comun denominatore di questi ragazzi è la scarsa autostima, ricordatevi di coltivare, nei vostri figli, la fiducia in se stessi, la capacità di affrontare, fin da piccoli, situazioni spiacevoli o impegnative sopportando anche lo scacco e la sconfitta senza soccombere; alimentate in loro lo spirito di rivincita, l'ambizione positiva a migliorarsi, sia nel gioco, che a scuola, sul lavoro, nell'amore, con i compagni. Il miglior deterrente per evitare la droga è appunto l'autostima positiva, con cui il ragazzo si costruisce una immagine di sé solida e sana, e una confidenza nelle proprie possibilità cui potrete contribuire standogli vicini nelle piccole sfide quotidiane, educandolo alla perseveranza e a vedere in ogni cosa il lato positivo.

Nonostante queste premesse, ricordate comunque che la sua curiosità, il fascino del frutto proibito e il piacere di nuove esperienze, possono creare il desiderio di provare la prima volta, influenzati dall'amico più esperto o dallo spacciatore, spesso un compagno più adulto che gli si presenta con un fare deciso, da uomo fatto.

E ancora, ricordate che il figlio, specie se timido e particolarmente sensibile, attraversa un momento di crisi durante quel periodo della crescita in cui i suoi interessi si riducono, incontra difficoltà a scuola, si sente abbandonato o trascurato dai genitori, oppure va incontro, in anticipo, a una crisi ideologica, tipicamente adolescenziale.

Certamente, la posizione del genitore di fronte a una situazione così grave è sempre complessa in tutte le sue fasi, dalla scoperta del primo "spinello" in avanti. Ai genitori consiglio sempre un'azione preventiva.

– È bene che i genitori siano impegnati politicamente; non importa come e in quale direzione, dovrebbero mostrarsi partecipi delle vicende esterne, consapevoli e aperti nel giudizio, sapendo spiegare i motivi di opposizione alla corruzione della società. Contemporaneamente, però, dovrebbero essere disposti anche a chiarire i propri piccoli o grandi opportunismi sociali, motivandone ai figli le ragioni: insomma, mai apparire "sepolcri imbiancati", bensì cittadini onesti e coerenti; è necessario difendere democraticamente le proprie idee e ascoltare quelle dei figli, senza mai sminuirne gli ideali (sei giovane, vedrai, sei un illuso...). Occorre saper valutare le loro amicizie senza mai condannarle a priori; discutere insieme sulla perdita del senso religioso nella nostra società, e sul dilagante protagonismo che ormai non risparmia nessuna professione, dalla politica alla scienza, indipendentemente dal dictat morale.

– Cercate di analizzare e discutere con loro del problema della droga dai dieci anni in poi (in certi casi anche prima), soprattutto se si sospetta ci possa essere l'attrazione a provare il proibito, o una tendenza alla trasgressione. Dovete essere molto precisi nello spiegare i vari espedienti della distribuzione, la differenza tra droghe leggere e pesanti, tra cui le terribili droghe chimiche spesso diffuse nelle discoteche, la tecnica dello spacciatore che, partendo dallo spinello, offre poi altre droghe più "efficienti e piacevoli", da cui il pericolo che dall'una si possa passare all'altra per curiosità o desiderio di provare, certi di poter smettere in qualsiasi momento. Una volta diventati "dipendenti" il gioco per lo spacciatore è fatto. Insistete sull'enorme difficoltà di interrompere, che il più delle volte si trasforma in effettiva impossibilità. Tutto ciò va discusso con la massima confidenza, e accompagnato da un'aperta educazione sessuale. Tenete presente che la droga leggera viene spesso propagandata come sano e naturale mezzo per vincere l'inibizione sessuale nei primi rapporti di coppia, utile specialmente ai soggetti più timidi e sensibili, oppure per risolvere certi momenti di depressione adolescenziale non confessata, o, ancora, complessi familiari non confessabili...

– Il giorno in cui si viene a conoscenza delle prime esperienze del figlio, non si deve drammatizzare, bensì aiutarlo ad analizzare a fondo il come e il perché dell'azione; anche il genitore è consapevole di come spesso l'avvicinamento al mondo della droga sia dovuto a una patologia del contenitore familiare, intendendo per patologia quelle mancanze, trasgressioni, cattivi esempi, abbandoni che provocano una forte disperazione e un marcato senso di ribellione, sia consci che inconsci. Tale patologia va riconosciuta e discussa insieme al figlio, al quale è bene consigliare subito una psicoterapia analitica (anche breve), per conoscere meglio se stesso, anche nel caso l'esperienza sia unica e isolata. Ricordatevi che a nulla valgono i pianti della madre, le recriminazioni, le richieste di promesse che serviranno soltanto a spingerlo sempre più a fingere e a mentire. Occorre invece agire subito e in positivo!

– Questo tipo di situazione è grave e dolorosissima per tutti quando il ragazzo è già tossicodipendente: un malato che si deve curare medicalmente e socialmente. Il problema è complesso, e va valutato sotto vari aspetti. L'attuale organizzazione sociale, sanitaria e giudiziaria del nostro paese non è ancora sufficientemente adeguata alle esigenze dei tossici. Mi preme di aggiungere che fa parte del dovere di un genitore lottare attraverso la stampa, la Tv, i vari movimenti e circoli sociali e del territorio, affinché si intervenga veramente con i fatti, e non con le parole, per risolvere questo problema, che è innanzitutto politico-assistenziale. Occorre il coraggio di sperimentare nuove forme legislative per spezzare il mercato clandestino, ascoltando più attentamente il parere di noi tecnici che, avendone una reale e sofferta esperienza, siamo in grado di collaborare in forma sicuramente più efficace e positiva di quanto non lo sia chi decide dal punto di vista politico su di un problema così tragico e devastante, senza potersi appellare a un vissuto davvero documentato e verificato.

6.
Il bambino e l'adolescente oggi

TRASGRESSIVITÀ

Il bambino moderno è figlio del piacere: è abituato ad avere tutto e subito, è educato dai mass media a essere protagonista e consumista, è molto informato e ricco di conoscenze visive, ma povero di creatività.

È connaturata in lui una sorta di patologia dell'abbondanza, che ritarda in misura notevole l'imporsi del principio di realtà, importante difesa di fronte alle inevitabili frustrazioni della vita. Giunge, così, poco preparato alle crisi della preadolescenza (undici-quattordici anni) e alla sua turbolenza. E si troverà davanti a una crisi adolescenziale (protratta fino ai diciotto-venti anni) molto più seria e profonda di quanto non sarebbe potuta essere in un contesto più equilibrato. La conseguenza più ovvia è che una parte dei nostri figli vada incontro a devianze comportamentali, devianze che i mass media segnalano e sottolineano con selvaggia aggressività, accrescendone il danno con il potere della suggestione negativa e della risonanza.

Pensate, infatti, ai nomi con i quali vengono descritte tali devianze: quanto sanno essere negativi i media, quando vogliono! Siamo bombardati da descrizioni di adolescenti consumisti, edonisti, sofisticati e malati di protagonismo; eroi dello stadio, sessuofili oppure ribelli senza scrupoli, avidi di denaro, in rivolta contro genitori e scuola; figli dei fiori, conformisti nel loro anticonformismo, glorificatori degli istinti, portatori di un criticismo tanto eccessivo quanto approssimativo, irrazionali nei confronti di qualunque figura adulta significativa, amanti delle volgarità, distruttori di tabu... e ancora: veri eredi del mondo consumistico che pure condannano, seguaci di un nuovo verbo, di un nuovo modo di essere nel mondo che si oppone alla società con azioni al limite della legalità, sfidando la morte con la droga o come eroi del sabato sera, o in stupri di gruppo; omosessuali per scelta o per disprezzo del mondo adulto, fanatici della velocità, della musica rock, alla ricerca di una libertà assoluta di vita e di pensiero oppure ribelli di professione; frange anomale, e in gran parte innocue, di ragazzi che, mancando di qualsiasi senso di appartenenza (classe sociale, paese, famiglia ecc.), hanno bisogno di crearsi "tribù" per riconoscersi tra di loro attraverso la decorazione del corpo e la scelta dell'abbigliamento: hippy, punk, skinhead, cruster, traveller ecc.

Infinita è la collezione di stereotipi e di luoghi comuni riguardo ai nostri adolescenti definiti devianti!

Purtroppo, devo ammettere che la devianza e il trasgressivismo sono diventati fenomeno di massa: basta che la stampa diffonda una nuova moda che subito la vediamo moltiplicarsi in luoghi e forme diversi. Insomma, un quadro apocalittico alla Pasolini.

Come risalire la china di fronte a tale quadro di anormalità? Come reagire all'esasperante volontà dei mass media di amplificare solo il negativo? Cosa potranno fare i genitori e la società di fronte a una catastrofe già realizzata?

Certamente attraversiamo una crisi che ormai si può definire epocale e non solo per la fine del millennio.

Sappiamo tutti che una società schiacciata dal dominio assoluto del denaro, del sesso e della violenza, e attraversata dall'individualismo più esasperato genera crisi di smarrimento.

Eppure i giovani devianti sono una minoranza rispetto a quelli che, nonostante soffrano e subiscano il peso di tale negatività, lottano invece per la sopravvivenza degli ideali che restano come importanti punti di riferimento per le nuove generazioni e rappresentano la parte sana del pianeta.

Giovani coraggiosi ed entusiasti della vita che reagiscono con forza al diffuso malessere e che, pur non completamente immuni dall'egoismo prodotto dalla patologia dell'abbondanza, sanno anche essere anticonvenzionali e critici nei confronti del potere e della politica, e sono dotati di quel giusto manicheismo adolescenziale che prima o poi saprà dare frutti positivi.

Giovani oppressi da una forte ansia per il futuro si rivelano però aperti verso il nuovo mondo che sanno di dover affrontare, assetati di un tecnicismo non più deificato come solo simbolo di benessere, ma in rapporto armonioso con la natura: emerge in loro con evidenza una nuova ideologia.

I più colti ipotizzano la possibilità di superare la filosofia della tecnica per approdare a una filosofia ecologica che crei uno scambio più proficuo con la natura, un nuovo equilibrio io-terra. Sono questi i giovani che meglio impersonano l'archetipo positivamente trasgressivo della gioventù: sfidare il presente per immettere nel circuito politico, culturale e morale idee e risorse nuove. Essi non solo recuperano una parte di quei devianti gravi di cui parlavamo prima, ma, nel tentativo di superare i compromessi della nostra civiltà decadente, indirizzano verso una nuova visione del mondo, libera e sgombra di cliché, anche il gruppo incerto dei conformisti, ancora troppo numeroso. Per tale gruppo, essere giovani significa soprattutto accogliere passivamente i modelli dagli adulti, senza nulla distruggere e nulla cambiare; addio sogno palingenetico: lotta di emulazione al posto di un sano contrasto costruttivo.

Il conformismo passivo è a sua volta una devianza, ancora più difficile e complessa da affrontare e recuperare delle altre; il gruppo di devianze di cui abbiamo parlato prima, infatti, è connotato dalla reattività, mentre il conformismo, essendo una forma di adattamento acritico alla realtà, si rivela più tenace e sottilmente ancorato alle abitudini di cui è intriso il tessuto quotidiano del vivere.

Inoltre, il gruppo dei giovani tesi al rinnovamento positivo è più attento ai bisogni del prossimo futuro, dato che il suo indirizzo è anche frutto di una più attiva e intelligente educazione dei genitori, messa in atto da tempo.

Molta parte del nostro lavoro è servita a porre le basi per iniziative future incanalate proprio in tale direzione. Questo libro è uno degli strumenti con i quali ho voluto segnare la rotta verso una nuova educazione attiva, che ruota intorno a un elemento essenziale: educare vuol dire entrare in empatia con il proprio figlio, è l'attitudine a condividere i propri pensieri con i suoi, senza necessariamente avere in comune gli stessi sentimenti e le stesse idee, ma con la precisa volontà di capirlo nel senso più profondo e di cercare, con il cuore e con la ragione, di fare sempre qualcosa per lui.

Ciò sarà possibile se ricorderete sempre che l'amore, l'esempio e l'ascolto sono la sintesi di ogni forma educativa, e l'unico mezzo per vincere, battaglia dopo battaglia, la guerra tra il bene, che i vostri figli dovranno individuare e capire, e il male che, una volta individuato, dovranno imparare a evitare.

Non c'è cosa più entusiasmante del veder crescere i propri figli. Ogni fase del loro sviluppo ha in sé qualcosa di bello: dalla nascita fino ai tre anni l'intelligenza si arricchisce a vista d'occhio, giorno per giorno, adattandosi sempre meglio alla realtà esterna. La bellezza dell'educazione sta proprio nello scambio reciproco di amore, nel compiere insieme questo percorso mentale e affettivo, nel vedere formarsi un'individualità sotto il nostro sguardo protettivo. Se pensate, poi, che dai sette-otto anni potete già cominciare a ragionare e discutere con vostro figlio, a confrontarvi con la sua personalità...

Educare, pur in tutta la sua complessità, è, in fondo, più semplice di quanto non si pensi: basta saper dare sempre al figlio la parte che desidera di noi stessi, tenendo conto che l'aspetto materiale, pur importante, è secondario all'affetto, alla complicità, allo stare insieme, allo scambio di idee. Basta non mettere mai il bambino di fronte a un problema troppo grande per la sua età che quindi non potrebbe risolvere con successo. Occorre sempre ricordare che ogni intervento che farete su di lui, ogni consiglio che gli darete deve prendere in considerazione le sue possibilità "in positivo", evitando ciò che potrebbe suonare come una critica sulla scuola e su tutto ciò che può costituire una crisi. Bisogna vivere le difficoltà insieme a lui e, sfidandolo, dargli la sicurezza che riuscirà a farcela: in ciò consiste il positivo della vita. Lui capirà standovi accanto: "Ogni periodo storico ha le sue crisi, le deviazioni che conosciamo, ma noi, tu e io, ce la faremo. Il mondo cambia e noi cambieremo con lui, noi staremo insieme fin quando tu, da solo, sarai in grado di affrontare la vita e a tua volta creerai la vita".

Questo è l'amore per un figlio. Dovrete dargliene tanto, quando lo chiede: solo così vincerete quell'ansia esistenziale che turba la crescita di tutti i bambini moderni, in una società che li spaventa e li inibisce.

Camminate con lui incontro alla vita, scoprendola insieme con fiducia, infondendogli l'idea che è suo dovere renderla migliore con la sua intelligenza e il suo lavoro.

Educatelo al "positivo" e ricordategli sempre che avrà quello che avrà donato; questa dev'essere la base vincente di una nuova educazione, l'unica valida per attaccare e difendersi dal futuro, per conquistarlo. E già quando raccoglierete i primi risultati, capirete subito che, in fondo, educare è facile, e che farlo bene, oggi, è più necessario che mai.

Educare vuol dire per i genitori porsi come costante parametro di riferimento e come figura di identificazione (il padre per il figlio, la madre per la figlia). In questa proiezione, fatta di scambi e di verifiche continue, non dovrete mai bluffare, soprattutto davanti a loro. Non mi stanco mai di ripetere che se è già difficile difendersi dall'intuito di una donna, è impossibile sfuggire all'intuito di un bambino. Non dobbiamo aver paura di essere noi stessi: anche se i figli conoscono le nostre debolezze e i nostri errori, ciò non diminuirà la nostra autorità, anzi aumenterà enormemente l'equilibrio del nostro rapporto.

L'importante è dare l'esempio di una vita vissuta con entusiasmo, con fiducia, dove il lavoro sia il gioco dell'adulto alternato a un adeguato impegno di cittadino, dove soprattutto il padre si interessi al sociale e partecipi più o meno attivamente alla *res publica*, anche solo attraverso una critica costruttiva. È sufficiente una presa di posizione netta, senza voler imporre a tutti i costi le proprie idee. Ciò, per imitazione, potrà portare i figli ad avere il coraggio delle "proprie" idee, a una maggior capacità critica, che li renderà più autonomi e meno conformisti.

Il rapporto con i figli ha sempre e comunque un unico comune denominatore, che si può riassumere in due parole: ascolto e dialogo. Il silenzio dell'ascolto e la parola del dialogo dovranno sempre essere i tramiti di uno scambio reciproco di pensieri e opinioni.

Si ricordi che il gioco del bambino, lo studio del fanciullo e del ragazzo dovranno essere importanti quanto il lavoro dell'adulto, poiché essi hanno esattamente lo stesso valore. Dovrete perciò interessarvene, parlarne e discuterne con vera partecipazione emotiva, e non soltanto razionale e retorica. Non pensiate di esorcizzare il negativo dei vostri rapporti limitandovi alle gite domenicali! Per consolidare i legami familiari è necessaria un'intima unione con il bambino, che ne favorisca i giochi, che ci porti ad ascoltarne le storie, a osservarne con amorevole partecipazione gli studi e li aiuti a integrarsi con il gruppo e con i compagni.

I genitori, poi, devono dare ai figli l'esempio di un'unione basata sull'affetto e la stima dei due coniugi, dato che il contenitore familiare è un'entità a sé stante, al di fuori e al di sopra di ogni singolo membro. Stima, affetto e comprensione sono gli elementi essenziali del dialogo marito-moglie, necessario a un adeguato clima familiare. È bene che il padre manifesti davanti ai figli questi sentimenti per la moglie e, se non lo condivide, ne valorizzi il lavoro di casa, estenuante sebbene non appariscente. D'altro canto, deve sempre sostenere l'impostazione pedagogica della madre seguendola, confermando la sua opinione dinanzi ai figli, anche se diversa o contraria alla sua, e concordando con lei i principi su cui basarsi. Le divergenze potranno essere discusse a parte, e facilmente si troveranno dei compromessi. Se si lascia intravedere una disarmonia pedagogica, invece, si provocherà nei figli una sfiducia pericolosa, che in alcuni creerà ansia, in altri indifferenza, in altri ancora dura opposizione.

ASCOLTO

È l'elemento essenziale della nuova pedagogia che siamo andati riaffermando in ogni capitolo di questo libro.

Le nuove condizioni di nascita, crescita e socializzazione, per molti versi positive, possono anche portare a bambini disturbati, "a rischio". Aumentano, infatti, i loro problemi, in una società che, in rapido cambiamento, impone nuovi tipi di adattamento, pretendendo traguardi sempre più veloci e abilità precoci, mentre gli spazi vitali per le loro esigenze primarie sono sempre più ridotti.

In tutto il mondo si nota un fenomeno nuovo: molti bambini che sembrano crescere senza sintomi conclamati di rottura psicologica portano invece in sé piccoli segni di un malessere allarmante e nuovi tipi di difficoltà di sviluppo difficili da scoprire.

Il bambino non ha la ricchezza del linguaggio adulto per esprimere il dolore psichico, che manifesta invece con varie modificazioni del comportamento: capricci, testardaggine, apatia, noia, tristezza, chiusura autistica, instabilità, ritmie, voracità, anoressia, e, più tardi, depressione aggressiva e le diverse forme di trasgressività adolescenziale. Alcuni di questi possibili comportamenti-allarme, naturalmente, rivelandosi difficili da cogliere e capire, inducono come unica reazione nell'adulto il classico meccanismo di punizione. Per far fronte a questa situazione, non dovremmo mai far riferimento a norme educative fisse, bensì cercare di sviluppare il più possibile la nostra creatività pedagogica, osservando la sintomatologia del bambino, soprattutto attraverso l'ascolto, per portarne alla luce il significato profondo.

Ricordate, infatti, che il sintomo è sempre un messaggio che vi pone una domanda: perché mio figlio ha bisogno di questo sintomo, che significato ha per lui? E, nella maggioranza dei casi, è proprio attraverso l'ascolto che potrete dare a tale domanda una risposta educativa.

La scuola parallela contribuisce a creare una maggiore uniformità nella società dei bambini e degli adolescenti, e quindi conferisce una certa uniformità ai problemi dello sviluppo.

Abbiamo più volte detto che l'educazione è la facilitazione del rapporto dialettico tra genitori e figli: noi diamo e, allo stesso tempo, impariamo. Come dissi a conclusione di un mio intervento pubblico, l'adulto serve ed è necessario al bambino, ma non è mai stato studiato quanto e come il bambino serva e sia necessario all'adulto, non solo come gioia affettiva e nemmeno, in senso filosofico, come proiezione psicologica dell'Io nel futuro, nell'Eterno, ma in una forma ancora più profonda: la sua capacità di modificare l'adulto funzionandogli da specchio.

Il fanciullo coglie e s'adegua precocemente al nuovo mondo, ai suoi cambiamenti e alle sue nuove tendenze; l'adulto, se sa leggere tra le righe, può vedere il frutto di quel mondo che egli ha contribuito a creare e a costruire nel figlio, può scoprire i propri errori educativi e sociali e può rettificare il proprio intervento al momento giusto.

Per educare bisogna saper prevedere il futuro nel comportamento e nella modalità di vita del bambino, che serve, ed è addirittura indispensabile all'adulto se egli saprà leggere l'ago della bussola infantile.

Questo, io penso voglia dire "crescere insieme".

IL FUTURO DEL PIANETA INFANZIA

Progredire: l'ineluttabile progredire come essenza, necessità o condanna di ogni specie vivente vegetale o animale.

Come progredirà il Pianeta infanzia? Quale sarà la sua direzione di sviluppo? Che forma prenderanno le sue nuove caratteristiche? Quali sono i cambiamenti che già si possono intravedere?

C'è nell'aria un'atmosfera di svolta non ancora ben definita. Certamente, quando a ogni livello un'epoca si identifica nell'individualismo spinto e nell'esagerato protagonismo (dal calciatore al docente universitario), nel denaro come simbolo di potenza e in una sessuofilia rivolta in ogni direzione, vuol dire che il patto sociale, sgretolandosi, sta entrando in crisi.

Occorre che un altro principio guida, un'altra ideologia crei una nuova ragione di convivenza.

La mia personale opinione è che tale principio, tale nuova ideologia ancora nebulosa, sia da ricercarsi nella constatazione che, finita la supremazia dell'uomo sulla natura, per un'inversione di tendenza si stia ormai approdando a un rapporto paritetico uomo-terra, con la consapevolezza che l'uomo, non più padrone del pianeta Terra, sia semplicemente uno dei suoi ospiti.

Il principio che dominerà ogni forma futura di organizzazione sociale sarà dunque questo: dare e prendere da questa terra in forma paritetica.

Così l'uomo, alle soglie del nuovo millennio, dovrà ripensare a se stesso e al modo in cui abiterà il pianeta.

Il secolo XX è stato segnato dalla confusione: tra istruzione ed educazione, tra piacere e gioco, tra denaro e morale, tra tradizione e innovazione, tra tecnica e capitale. La triade che ha dominato il Novecento – scienza, tecnologia e capitalismo – andrà sostituita nel secolo XXI da un'altra triade: etica, politica ed economia. Alla filosofia della tecnica e del capitale dovrà subentrare, in contrapposizione, una filosofia ecologica che stabilisca i principi di un nuovo rapporto dialettico tra la terra e l'umanità.

Come si ripercuoterà questo rivoluzionario "progredire" sull'età evolutiva? Qual è la preoccupante situazione del Pianeta infanzia da cui prendiamo le mosse?

I fenomeni che lo caratterizzano sono vari, e alcuni devastanti:

1) dei 100 milioni di "bambini della strada", l'80 per cento è tossicodipendente

2) milioni di bambini del Terzo Mondo (Africa, America Latina, Asia) sono al limite della sopravvivenza o affetti da Aids

3) il mondo dei giovani si serve, come mezzi per esprimere il proprio disagio, di varie forme di ribellione, di più o meno grandi forme di trasgressività:
- droga
- violenza negli stadi
- violenza di stampo razzista e nostalgica (naziskin)
- violenza sessuale in gruppo

4) il Pianeta infanzia accoglie in sé molti individui antisociali:
- bambini killer
- giovanissimi camorristi, spacciatori
- maschi e femmine minorenni che si prostituiscono

5) si è registrato un notevole aumento di psicopatici di tutti i tipi e un forte incremento di suicidi

6) sono aumentati i bambini e gli adolescenti a rischio con un bassissimo coefficiente di resistenza alle frustrazioni

7) si nota, in generale, una estrema fragilità che rende i bambini incapaci di resistere alle spinte verso il disadatta-

mento, il comportamento antisociale e le nevrosi più o meno gravi

8) si è evidenziato un forte aumento dei disturbi specifici di apprendimento che pongono seri problemi psico-pedagogici

9) il Pianeta infanzia rimane ancora oggi vittima di abusi e violenze fisiche e psicologiche

10) l'aumento di separazioni e divorzi genera, in molti bambini, più o meno gravi disturbi di socializzazione, di noia esistenziale che sfiorano il patologico, adolescenze travagliate da vuoti ideologici senza obiettivi al limite tra malattia e/o asocialità.

Questo quadro spaventoso è lo scotto da pagare al progredire? Ogni progresso dell'uomo deve avere il "suo Medioevo"? Un nuovo Medioevo per il Pianeta infanzia?

Ma cosa chiedono i bambini? Cosa pretendono i ragazzi di oggi? Vogliono una vera attenzione, e ne hanno il diritto. Nel nostro paese essi rappresentano ancora un terzo della popolazione. Ma come possono, osservava giustamente un giudice minorile, amare la famiglia se dalla famiglia non si sentono amati, o meglio compresi? Come fanno ad amare la loro città se la loro città non li ama? È la gioiosa rivoluzione dei trecento bambini dagli otto ai quattordici anni che a Bologna, nel maggio 1994, hanno presentato un loro progetto urbanistico: un chiaro messaggio del desiderio di contare qualcosa, come diremo tra poco.

Ambiguità e ribellione sono caratteristiche di una larga fascia dei nostri adolescenti. Ma come difendersi dal ghetto adolescenziale dove li trattiene il mondo degli adulti, incapaci ormai di armonizzare i rapporti tra le varie età?

I ragazzi di oggi, dunque, sono molto fragili, figli di un lungo periodo educativo segnato da un permissivismo quasi assoluto, vissuti completamente immersi nel principio di piacere, senza avere operato il passaggio ai principi di realtà e dei valori. Violenza, aggressività, fuga, furto, depressione, suicidi sono dietro l'angolo.

Se questo è un quadro che si inserisce nella grande crisi epocale a cui abbiamo accennato, come progredire? E se progredire è davvero possibile, quali sono le previsioni riguardo ai mezzi e ai risultati?

Esistono due metodi principali di previsione: l'"exploratory forecasting" (previsione induttiva), che proietta nel futuro tendenze già nettamente individuabili, e la "normative forecasting" (previsione normativa), che pone, basandosi in parte sulle conoscenze acquisite con il metodo precedente, obiettivi ritenuti desiderabili, e si interroga su come colmare il divario tra il desiderato e il disponibile.

Cerchiamo di enucleare, seguendo tali metodi, qualche elemento che caratterizzerà la scuola e la famiglia del Duemila.

La previsione induttiva, attraverso un insieme considerevole di nuovi progetti educativi in tutto il mondo, mette già in evidenza alcune vie maestre della nuova pedagogia secondo Jundt:

- dalla passività alla scoperta autonoma
- dalla accettazione supina al giudizio critico
- dall'apprendimento dell'esistente alla progettazione del nuovo
- dall'isolamento all'apertura

Un nuovo stile educativo porterà l'educatore a non pretendere la "risposta giusta" (cioè già nota in precedenza e conforme a un sapere comunemente accettato), ma a fare domande la cui risposta non si conosce ancora. L'educatore, insomma, dovrà sviluppare l'osservazione diretta, spregiudicata e di immaginazione dell'allievo.

Già ora, in forma quasi inconscia, lo studente ricco di senso critico comunica e considera la realtà come un processo in perpetuo movimento, sul quale è ben deciso a intervenire. Proprio questo dovrebbe essere il prototipo dello studente nuovo. Bruner considera l'incertezza dei giovani verso il futuro come il problema fondamentale di oggi. Il nuovo atteggiamento critico dello studente cercherà di sciogliere tale incertezza.

Il docente, dal canto suo, diventa il discente insieme agli alunni, senza una netta frattura tra scuola e mondo esterno, tra scuola e vita: questo divario, che è sempre esistito e che nel mondo moderno si è fatto quasi patologico, deve scomparire.

Ogni anno i giovani padri vanno sempre più prendendo coscienza dell'importanza del loro ruolo e di quello della nuova pedagogia familiare. Tra gli anni cinquanta e sessanta, prendeva avvio un periodo critico caratterizzato da un'educazione permissiva – evitare a ogni costo il trauma psichico infantile – insieme a una accentuata trasgressività infanto-giovanile – i "giovani arrabbiati" di Osborne – e di protesta intrafamiliare. Nei decenni sessanta-settanta tale protesta si trasformò in aperta rottura nei confronti della famiglia e della società: nella poesia, nella musica, nel teatro underground, nei mass media, nell'aperta lotta politica.

L'autoritarismo fu combattuto a ogni livello (famiglia,

scuola, società), la rivoluzione sessuale modificò profondamente le modalità di rapporto tra giovani e tra genitori e figli. Tutto ciò condusse a notevoli trasformazioni delle relazioni nel contenitore familiare: i giovani d'allora, diventati a loro volta genitori, solo oggi cominciano a percepire i principi della nuova educazione che ho tentato fin qui, spero con chiarezza, di delineare.

- c'è nell'aria una importante inversione di valori; alcuni, positivi, si stanno rafforzando: il senso della comunità, l'internazionalismo, il senso del gruppo
- l'ambizione è mitigata dal nuovo senso di responsabilità nei confronti del benessere della comunità; il produrre e il possedere vengono messi in secondo piano rispetto al "vivere", la costrizione del lavoro rispetto alla libertà creativa

Le giovani generazioni di oggi hanno un enorme problema: da una parte sono attratte dal modello di vita consumistico, dall'altra si disprezzano per questo. Io vedo la possibilità di inasprire tale contraddizione fino al punto che gli ideali etici di sobrietà appaiono come la soluzione naturale. Il consumismo non ha solo conseguenze funeste: il suo valore intrinseco è di per sé basso, e porta l'uomo a un oggettivo impoverimento.

I genitori dei cittadini di domani devono partecipare sin da ora, attraverso il dialogo e la discussione, a questa trasformazione della civiltà.

Ormai il problema fondamentale è stato posto, con chiara durezza: è impossibile mantenere l'attuale dinamica dei consumi senza "precipitare nell'abisso". Si è tragicamente constatato, per meglio dire, che "l'universalizzazione del tenore di vita occidentale, cioè il suo allargamento a tutto il Terzo Mondo, non è attuabile senza il totale collasso ecologico della Terra", da cui deriva il carattere moralmente inaccettabile ed ecologicamente insostenibile del nostro stile di vita attuale, il tipico stile di vita occidentale.

È indispensabile, quindi, giungere a un vero e proprio "cambiamento di paradigma". Hosle parla di passaggio dal vecchio paradigma dell'economia, che poneva al centro il soddisfacimento in termini quantitativi di bisogni illimitatamente crescenti, al nuovo paradigma dell'ecologia, che assume invece, come obiettivo prioritario, la salvaguardia qualitativa dei fondamenti naturali dell'esistenza. Un passaggio che implica una rivisitazione globale della nostra civiltà a tutti i suoi livelli: etico, gnoseologico, politico.

Il bambino e il giovane del Duemila dovranno affrontare tale rivisitazione. Bambini e giovani usufruiranno criticamente di questi nuovi fermenti, useranno la Tv e non ne saranno usati, matureranno e svilupperanno come difesa un forte potere selettivo su ogni forma di sollecitazione esterna. Il contenitore famiglia sarà sempre un punto fermo per la loro evoluzione.

L'uomo nuovo, dopo l'ubriacatura di tutto il bene e il male del secolo XX, potrebbe forse essere spinto a riflettere e a occuparsi più a fondo delle facoltà non "robotizzabili": gioia, tristezza, comprensione, amore, capacità di sognare e di filosofare.

Ma quante altre crisi evolutive dovranno attraversare i giovani del Duemila?

Quanti di loro riusciranno a raggiungere questa nuova visione del mondo caratterizzata dall'equilibrio del dare e del prendere, in ogni aspetto: famiglia, società, ecologia planetaria?

APPENDICI

Sviluppo affettivo e cognitivo

La nostra mente e il nostro comportamento rispetto al mondo esterno dipendono dalla maturazione di quattro sistemi che si succedono nel tempo, con varie sovrapposizioni tra l'una e l'altro. I primi due sistemi li abbiamo in parte in comune con molte specie di animali, mentre gli ultimi due sono specifici dell'*homo sapiens*.

- *Sistema prassico*: saper fare le cose, conoscere la funzione degli oggetti, comunicare con i gesti, saper coordinare i nostri movimenti in funzione di un'azione: è la genesi della psicomotricità, il movimento finalizzato. Conoscere le varie sequenze necessarie per compiere un dato lavoro, l'intelligenza pratica.
- *Sistema linguistico*: saper dare un nome alle cose e ai concetti, esprimersi con le parole.
- *Sistema grafico*: saper imparare segni convenzionali per comunicare tra gli uomini con la scrittura.
- *Sistema lessico*: saper leggere e memorizzare questi segni convenzionali.

I primi due sistemi iniziano nel primo periodo evolutivo (zero-tre anni), gli ultimi due nel secondo periodo (tre-quattro, sette-otto anni). La specie umana ha poche reazioni innate fondamentali: la maggior parte sono apprese.

L'uomo inizia il suo rapporto con il mondo esterno quando nasce, portando avanti a poco a poco il suo lungo processo di conoscenza e adattamento al mondo.

Questo comporta:

a) la raccolta, l'immagazzinamento di informazioni molteplici sia dall'interno del corpo (sensazioni propriocettive ed enterocettive che provengono dai muscoli, articolazioni, organi), che dall'ambiente esterno attraverso i sensi (vista, udito, olfatto, gusto)

b) la memorizzazione di queste informazioni

c) la comprensione della capacità di reazione del proprio organismo a questi stimoli e della sua capacità di modificarli per le proprie necessità, in senso positivo o negativo: questo è il processo di assimilazione e di accomodamento che coincide con la nascita dell'Io e l'inizio della relazione oggettuale Io-mondo

d) la memorizzazione di queste modifiche e la loro strutturazione in una serie di strategie. Ciò porta a reazioni più estese e complesse attraverso le quali l'uomo giunge ad adattarsi al mondo esterno modificandolo, in parte, e adeguandolo alle sue necessità.

Se teniamo presente questo schema essenziale nel quale il neonato sviluppa le proprie potenzialità innate attraverso il suo rapporto con l'ambiente, possiamo analizzare brevemente i principi che la psicologia genetica e la psicoanalisi hanno fornito alla pedagogia, e capire quanto siano ormai indispensabili sia all'educatore (genitore o insegnante) sia al fanciullo.

Possiamo, così, parlare di una maturazione intellettiva e di una maturazione affettiva, e renderci conto di come i loro rispettivi rapporti siano molto stretti; per il momento, però, e per ragioni strettamente didattiche, le consideriamo separate.

Se si parla di psicologia genetica è d'obbligo citare il francese Wallon, lo svizzero Piaget e il russo Vigotsky, le tre personalità che più hanno dato a questa branca della psicologia – dal punto di vista più clinico il primo, più sistematico il secondo e più teorico il terzo.

Sintetizziamo ora alcuni concetti principali che ci serviranno per capire meglio il contributo dato alla pedagogia da queste discipline. Consideriamo innanzitutto i due periodi dell'evoluzione dell'intelligenza: a) intelligenza sensorio-motrice che copre i primi diciotto mesi di vita; b) intelligenza rappresentativa.

Nel primo periodo possiamo considerare i seguenti stadi che ammettono un sempre crescente potere di memorizzazione:

1) adattamenti sensorio-motori del neonato a stimoli esterni specifici
2) primi adattamenti o abitudini acquisiti (sorrisi, pianto per la richiesta di cibo ecc.)
3) adattamento sensorio-motorio intenzionale (reazioni circolari secondarie): quando, per esempio, il bambino muove le mani verso un oggetto rumoroso
4) uso di queste reazioni circolari per situazioni nuove

5) scoperta di nuovi mezzi per superare un ostacolo (reazione circolare terziaria): per esempio quando il bambino scopre che con una bacchetta può avvicinare e afferrare una palla.

Si passa poi alla fase percettivo-concettuale. Aumenta sempre di più l'arricchimento percettivo, quello che io chiamo il dialogo percettivo tra le varie percezioni esterno-enterocettive, ma soprattutto esternocettive, a opera dei nostri cinque sensi.

Confrontando percezioni simili si colgono le differenze, le somiglianze (di cavalli, di sedie, di tavoli...) e si giunge al concetto che permette al bambino di riconoscere un oggetto, solo però quando lo rivede. Il concetto lo si può definire come la sintesi delle caratteristiche essenziali di una determinata classe di cose e persone. Il concetto di cavallo è formato da un grande numero di percezioni particolari di cavalli, ognuna delle quali richiama l'idea generica del cavallo: giungere al concetto significa conquistare una grande economia psichica.

Ma come fare a memorizzare questi concetti? Ecco il punto essenziale, ecco la genesi delle parole-pensiero: il bambino unisce il concetto di cavallo a un suono udito quando vede un cavallo: la parola.

Nasce così il linguaggio.

Quasi contemporaneamente, il bambino raggiunge la persistenza mnemonica della percezione, dei concetti e quindi delle parole che la rappresentano e che la evocano; può quindi unire mentalmente le parole (linguaggio interno) e poi pronunciarle (linguaggio esterno), caratteristica propria della specie *homo sapiens*.

Questo processo di sviluppo è unidirezionale ma non univoco: mutano infatti la perfezione e la completezza delle varie fasi a seconda di vari fattori, legati in piccola parte all'individuo stesso e in gran parte all'ambiente in cui vive. Ricordiamo le varie interferenze negative dovute a nascita, malattie, stress psichici, situazioni ambientali ecc., comparse in una certa fase di sviluppo, e non dimentichiamo che lo sviluppo è sempre il frutto della motivazione che si realizza attraverso una reciproca interazione tra l'individuo e l'ambiente.

Si passa poi naturalmente al secondo periodo, quello rappresentativo, in cui il fanciullo acquista la capacità di evocare un oggetto o un avvenimento passato con un gesto, un'immagine mentale o una parola: è la nascita della cosiddetta "funzione semiotica" di cui il linguaggio parlato, sempre più ricco, è l'aspetto più importante e decisivo. Tale funzione inizia a cavallo tra i dodici e i diciotto mesi ed è già ben sviluppata a tre anni quando il bambino può formulare una frase completa con soggetto e verbo, impadronendosi anche del pronome "io".

Ma per parlare bisogna prima "poter sentire" – tutti gli organi uditivi devono essere normali – poi "poter parlare" – devono essere normali gli organi fonatori; ma occorre anche "voler parlare"!

E qui si inserisce il valore determinante dell'evoluzione affettiva, che può facilitare il funzionamento di ogni processo cognitivo e del linguaggio.

Non dimenticate che il bambino da zero a tre anni, passando attraverso vari stadi di maturazione affettiva, giunge a concepire il suo corpo e poi il suo Io come qualcosa di staccato dal mondo esterno, capisce cioè che vi è un soggetto (se stesso) e un oggetto (qualcosa al di fuori di sé): prima la madre poi il resto del mondo.

E l'evoluzione del bambino continua...

Già prima del linguaggio, attraverso continue azioni motorie via via più coordinate e finalizzate, aveva raggiunto la concezione dello spazio, prima prensile, dove il suo braccio poteva giungere, poi topologico, dove poteva stabilire il rapporto tra due oggetti nello spazio (davanti e dietro ecc.) e poi finalmente, con i primi passi, locutorio, concezione dello spazio che lo porta ad allargare il suo mondo spaziale.

Dopo i sei anni conquista completamente lo spazio euclideo tridimensionale, vale a dire la profondità insieme a tutte le altre funzioni che in lui maturano parallelamente: una delle più importanti è il controllo degli sfinteri che si raggiunge tra i due-tre anni. Su questo controllo entrano però in gioco fattori essenzialmente psicologici che possono influenzare la raggiunta possibilità anatomica di trattenere orine e feci con la volontà. Il controllo troppo rigido e precoce, ottenuto con mezzi più o meno coercitivi, è dannoso per il bambino; d'altra parte, una prolungata perdita di orine (enuresi), anche solo notturna, dipende quasi sempre da una problematica psicologica.

Il bambino è in grado di svolgere un'attività di vita sociale e quindi di entrare nel gruppo quando avrà superato le varie fasi: quella, tra la nascita e i due-tre anni, dell'atto psicomotorico come atto finalistico, della prima concezione spaziale, del camminare autonomo, del controllo degli sfinteri e del linguaggio gestuale e verbale.

Ma cerchiamo ora di rivedere tutti questi concetti maturativi che riguardano il gioco a partire dal dodicesimo mese di vita.

A dodici mesi il gioco si rivolge all'adulto: il bimbo riceve un oggetto e lo getta verso l'adulto, oppure lo aiuta goffamente mentre questi lo sta vestendo. Inizia la scoperta dei rapporti spaziali: il piccolo riesce già a infilare una pallina in una bottiglia! Comincia poi a scoprire se stesso come insieme unico: posto davanti a uno specchio si guarda interessato.

Il quindicesimo mese rappresenta una tappa evolutiva importante. Il bambino, che ha ora piena coscienza di se stesso, inizia il processo di identificazione e proiezione nell'ambiente, il gioco "animista": l'oggetto, soprattutto se ricorda le forme umane (pupazzo), viene considerato come un altro se stesso e diviene insieme oggetto di sfogo e di tendenze.

A diciotto-venti mesi ha inizio il gioco contemplativo (riconosce le fotografie), differenziandosi da quello di movimento (tira il carretto).

A ventiquattro mesi la dipendenza dal gioco dell'adulto raggiunge il massimo dell'accettazione (offre spontaneamente l'oggetto, imita l'adulto che legge, che fuma ecc.).

A partire da questa età fino al terzo anno, il gioco viene eseguito in opposizione all'adulto, quasi come affermazione e conferma della propria individualità.

Intorno al terzo anno inizia il gioco sociale con i coetanei, disturbato però dalla marcata predominanza egocentrica propria dell'età. Il comportamento nel gruppo è, in questo periodo, caratterizzato dal cosiddetto "gioco parallelo": più bambini riuniti insieme giocano isolatamente, ognuno praticando il medesimo gioco.

Negli anni successivi, il gioco diviene sempre più gioco collettivo: si delinea il "gruppo", prima manifestazione di ordinamento sociale nel quale si delineano i ruoli propri della vita sociale (i leader, gli esecutori ecc.).

A partire dal terzo anno e metà del quarto, il gioco diventa anche verbale (filastrocche che sviluppano l'articolazione delle parole e la memoria verbale, perfezionando così il linguaggio). Comincia la rappresentazione di una scena a due nella quale il bambino assume alternativamente le due parti, acquistando una sempre maggiore conoscenza della realtà. Due sono gli elementi essenziali di questo tipo di gioco: un grande sviluppo immaginativo e il desiderio delle regole, del limite, della norma di gioco. Fanno parte di questo periodo i giochi d'acquisizione e quelli di costruzione, attraverso i quali il fanciullo acquista una grande quantità di nozioni e di esperienze.

Fin qui però il gioco è un fatto individuale: è servito come affermazione dell'Io nell'ambiente circostante. Solo alla fine della scuola materna il gioco assume una funzione sociale: si forma il gruppo, banco di prova della volontà infantile (come avviene nei giochi di squadra, in cui le parti sono distribuite nel modo più funzionale per vincere l'avversario).

Dall'affinamento della motricità fino alla valorizzazione del senso sociale, il gioco si presenta come un importante elemento formativo della personalità del ragazzo. Ma esso ha anche un'altra grande funzione psicologica: quella di scaricare energie conflittuali, cioè quei sentimenti di conflitto che il bambino inconsciamente prova nel confronto quotidiano fra i suoi istinti e la realtà, sentimenti che il bambino oggettivizza, cioè rende concreti nelle varie azioni del gioco. Il bambino riproduce nel gioco fatti, avvenimenti, sentimenti che non sono chiaramente noti neppure a lui. Da quanto sopra esposto deriva, come conseguenza logica, che il gioco rappresenta un elemento pedagogico fondamentale, non solo nella scuola materna, ma almeno in tutta la scuola elementare.

Teniamo ora presenti questi elementi tratti dalla psicologia genetica e dalla psicoanalisi, e cerchiamo di sintetizzare i principali stadi evolutivi individuabili dalla nascita alla adolescenza.

Il primo corrisponde al primo anno di vita, al periodo dell'allattamento. Il secondo va da uno a tre anni, periodo della scoperta del mondo. Il periodo che va dai tre ai quattro-cinque anni è uno dei più interessanti ma, nello stesso tempo, problematici; verso i tre-quattro anni abbiamo una seconda fase di crisi, che possiamo definire di opposizione: bambini fino a quel momento tranquilli e docili diventano aggressivi, violenti, collerici, distruttivi e disobbedienti; oppure assumono atteggiamenti autistici, si fanno estranei, sognanti, chiusi in se stessi. Abbiamo già detto come in questo periodo il gioco, nelle sue varie estrinsecazioni, diventi un importante fattore di crescita, e spesso di equilibrio, in una fase evolutiva di disadattamento, e come, contemporaneamente, si sviluppi in questo periodo il pensiero magico-infantile.

Il bambino, in bilico tra realtà e fantasia, sembra non distinguere ciò che è concreto ed effettivo da ciò che non lo è, interpretando tutto il mondo che lo circonda come vivo, animato: acqua, luna, alberi e piante. L'animismo, questo particolare modo di vedere la realtà, dà gioia e senso di potenza. Ecco perché il linguaggio delle fiabe è più consono a lui, e la morale contenuta in esso è più incisiva.

Mantenere l'immaginifico avvicinandolo alla realtà è senz'altro la base educativa fondamentale per sviluppare la capacità di stare al mondo che lo aiuterà a capire in che modo potrà continuare a essere creativo.

Il terzo periodo, che va dai tre-quattro ai sette-otto anni, è il periodo della conoscenza del mondo esterno e del passaggio dal gruppo familiare a quello scolastico. Il quarto periodo va dai sette-otto anni sino alla prepubertà e alla pubertà.

Ma seguiamo rapidamente l'evoluzione del bambino alla scoperta del suo mondo.

Nei primi due-tre mesi di vita, mentre la holding madre-figlio è completa, è sempre la madre che, dando via via significato ai segni del neonato, ne crea il computer umano, formando la sua mente (vedi il paragrafo *La madre "naturale"* nel primo capitolo).

Nei primi sette-otto mesi di vita vi è quindi tra di loro prima una completa simbiosi (nei due-tre mesi), e poi una progressiva oggettivazione della figura materna, che è quasi completa a otto mesi circa.

In questo periodo iniziano però le prime manifestazioni chiaramente ansiose ("ansia dell'ottavo mese" di Spitz), nelle quali si inserisce la prima crisi. Lo svezzamento significa, sul piano psicologico, la completa realizzazione del distacco dalla madre: distacco che il bambino è portato spesso a considerare come perdita d'amore e di protezione. Non solo, ma in certi casi vediamo un periodo di irrequietezza, insonnia, aggressività, anoressia, dissenteria, per le quali la serenità della madre è il migliore rimedio.

Dallo svezzamento in poi, entra in gioco il terzo protagonista: il padre. Lo schema familiare non è più duplice ma triplice; il bambino riesce ora a individualizzare il padre, il quale assume immediatamente il ruolo principale che manterrà per tutto il periodo evolutivo: la sicurezza. Un ruolo indispensabile alla formazione del figlio.

Da uno a tre anni il bambino va alla scoperta del suo piccolo mondo circostante, identificando le cose come staccate da sé. Giunge così all'oggettivazione completa del mondo esterno sui due anni, e al pronome "io" sui tre anni.

È in questa fase che il padre deve sostenere il figlio nella scoperta del mondo e nel suo sforzo di adattarvisi. Tra la paura e il mondo esterno si inserisce la figura paterna, l'essere forte e amato, che lo proteggerà.

Non bisogna mai dimenticare che a questa età l'insicurezza familiare, determinata da vari fattori come disoccupazione, scarsi sostentamenti, paura del domani, aperti dissidi tra i coniugi e tra uno dei genitori e altri parenti, ansia e insicurezza paterne, è una delle cause più frequenti di stati di ansia, incubi notturni e moltissime anormalità del carattere e della condotta (che vedremo più avanti).

A sette-otto anni, il bambino attraversa un importante e decisivo periodo evolutivo: dalla scoperta del mondo esterno giunge alla scoperta delle idee passando dal clan familiare alla piccola società scolastica; due elementi essenziali caratterizzano questo periodo: l'identificazione primaria con il padre per il fanciullo o con la madre per la femmina, insieme allo sviluppo dello spirito gregario.

Il problema dell'identificazione primaria è così alla base di una buona socializzazione e di una buona autonomia. L'identificazione è però un fenomeno inconscio, che non coincide né con l'imitazione né con l'obbedienza: è un bisogno profondo di essere come colui che si è scelto, la cui immagine viene profondamente accolta dentro di sé.

Questa immagine paterna o materna viene assimilata a poco a poco nella sua essenzialità, ma non nella sua forma. Di qui la vera responsabilità dei genitori!

D'altra parte, in questo periodo (prima degli otto anni), il bene e il male sono stabiliti prevalentemente dal padre: essi rappresentano il simbolo dell'obbedire o del disobbedire a colui che è il portatore della legge e della "norma". E questo perché il codice morale si forma sull'esempio del padre, e il suo insegnamento non è frutto di prediche, ma solo di esempi. Il figlio si identifica con il padre, ne fa il suo codice normativo; man mano che diventa grande, staccandosi dal legame diretto della regola parentale, acquisisce il proprio codice morale. Il continuo contatto con il mondo esterno maturerà, in bene o in male, tale codice normativo, e spesso il ragazzo dovrà superare molte lotte con se stesso per modificare leggi normative errate trasmesse da un cattivo padre!

Come si sa, a sei anni giunge il momento in cui il fanciullo termina l'evoluzione delle sue reazioni affettive puramente familiari e fa la sua prima vera entrata nella società: va a scuola! A questa età il carattere è già ben formato, ma l'ingresso a scuola è sempre traumatizzante; se da una parte è facilitato da un accentuarsi dello spirito gregario, dall'altra esso può evidenziare pregresse carenze affettive. Di qui la forte percentuale di disadattati nel primo anno di scuola.

Subito dopo, abbiamo la crisi dei sette-otto anni. Piaget e Wallon sono d'accordo nel fissare tra i sette e gli otto anni il passaggio dallo stadio puerile a quello riflessivo, là dove inizia l'età della ragione e si accentua nettamente l'introspezione. In questo periodo, il bambino abbandona il linguaggio egocentrico e il monologo, sforzandosi di comunicare il proprio pensiero e cominciando a dematerializzarlo, dandogli una vita propria staccata dalle cose (la parola "sole" è staccata dal sole come oggetto). Con esso inizia la possibilità del concetto astratto come sintesi degli elementi essenziali e caratteristici di cose e persone, cioè la possibilità di dialogare con gli uomini.

E proprio ora (sui sei-sette anni), si acquisisce il concetto di morte come fatto irreversibile, e di conseguenza si giunge alla paura di morire "in peccato" ma, soprattutto, di perdere i soggetti dell'amore: madre e padre.

Ciò provoca forme regressive (il riprendere a succhiarsi il pollice o una enuresi), oppure l'ansia, il rifiuto della scuola (fobia scolastica), tic vari e anche uno scarso rendimento scolastico, benché spesso passeggeri.

Questa crisi dei setto-otto anni interrompe la tranquillità evolutiva del periodo di latenza: attualmente non è più frequente, almeno in forma grave, quando cioè si evidenzia una disarmonia ideo-affettiva antecedente l'entrata alla scuola. Ecco che subito dopo, a otto-nove anni, si ha un ricco periodo di acquisizioni nozionali, forse il più ricco di tutta la vita!... Ricordatevi perciò l'importante sintesi dell'evoluzione gnosica dell'uomo: nello svezzamento la madre è il primo oggetto; a tre-quattro anni l'Io e il mondo concreto sono completamente staccati; a sette-otto anni si giunge al mondo dei concetti e alla strutturazione del codice morale.

Questo ricco periodo di maturazione intellettiva e sociale dai sei ai dieci anni corrisponde al periodo che gli psicoanalisti chiamano "di latenza", durante il quale vi è una relativa calma istintuale dovuta alla libido che si indirizza principalmente alla conquista del mondo dei concetti. Con la prepubertà, emerge il difficile e problematico avvio dell'esperienza sessuale e l'entrata alla scuola media. È un momento di variazioni rapide d'umore, di possibile scarso rendimento intellettivo, di ammirazione e opposizione nei confronti dei genitori: una burrasca endocrina e affettiva con un contemporaneo affinamento della possibilità di critica e del senso estetico.

Si giunge, così, all'adolescenza, alla crisi d'opposizione sia alla madre, sul piano affettivo, sia al padre, sul piano intellettivo; questa ultima crisi è simbolo della ricerca della piena autonomia: i ragazzi cominciano a capire che possono essere autonomi, entrare nel mondo degli adulti e nel mondo del lavoro.

È il periodo dell'affannosa ricerca della propria identità e della propria ragione di vita, del proprio ruolo: "chi sono io?".

È il periodo più ricco di ideali, di speranza, di illusioni, di oblatività, che chiude così il grande ciclo educativo.

La madre ha avuto il compito di creare la sua vita e darlo al padre; il padre quello di formarlo e darlo alla società. Facendo la sintesi di questa lunga evoluzione, scopriamo che il ragazzo, dalla nascita all'adolescenza, passa da uno stadio possessivo a uno stadio oblativo, da una situazione nettamente egocentrica, dominata esclusivamente dalla legge assoluta del piacere, a una situazione, diremo così, sociale, in cui, accettando il principio di realtà, giunge ad armonizzarsi, ad adattarsi al mondo esterno e all'ambiente in cui vive.

Le deduzioni educative di quanto abbiamo detto saranno a questo punto più facili da capire, leggendo i vari capitoli del libro.

[illegible]

[illegible]

[illegible]

[illegible]

[illegible]

[illegible]

Sviluppo e problematiche sessuali in età evolutiva*

È bastato un secolo per sconvolgere tutte le nostre idee sul piano della sessualità infantile: è stato un salto da Rousseau a Freud: dal bambino rousseauiano, naturalmente innocente, fuorviato dall'ambiente esterno, al bambino freudiano, sin dalla nascita, si può dire, alle prese con i suoi istinti e, quindi, con quelli sessuali, per dominarli o, almeno, contenerli, guidarli a poco a poco verso la finalità della specie uomo, cioè agire-socializzare-procreare.

Si rompe il mito dell'innocenza e si giunge al piccolo perverso paragonato all'eroe tragico, che uccide il padre e sposa la madre: Edipo.

L'infanzia senza problemi e senza conflitti è ormai dietro le nostre spalle: tutta l'analisi si è spostata a ricercare, da molti decenni, come evolve l'istinto sessuale durante tutta l'età evolutiva, come si manifesta, le sue inibizioni, le sue rimozioni, come è influenzato dall'ambiente culturale.

Tra i vari tentativi di dare una forma strutturale all'evoluzione della sessualità dell'età evolutiva, certamente il più chiaro e il più clinicamente utile è quello di Freud. Alla base della sua importante teoria sulla patogenesi delle nevrosi sta il trauma psichico sessuale precocemente rimosso e il conflitto inconscio con l'Io che ne deriva.

Occorre qualche precisazione sui termini. Per "istinto sessuale" intendiamo l'insieme degli istinti parziali che concorrono alla conservazione della specie, ciò spiega perché occorre tener presente la differenza tra "sessualità" e "genitalità" (brutto termine), nel senso che sessualità e organi genitali non

* Relazione al Convegno Nazionale A.I.D.M., "Educazione sessuale e sanitaria per la salute dell'uomo del 2000" - Catanzaro, 21-22-23 ottobre 1988. Pubblicato in "Psichiatria dell'infanzia e adolescenza", vol. 59, 4, 1992.

sempre sono sovrapponibili e varie manifestazioni dell'istinto sessuale non sono necessariamente collegate agli organi genitali.

Laplanche e Pontalis, nel loro famoso dizionario di psicoanalisi, danno la seguente definizione di sessualità: "Con il termine sessualità, nella pratica e nella teoria psicodinamica, si designano non solo le attività e il piacere che dipendono dal funzionamento dell'apparato genitale, ma tutta una serie di eccitazioni e di attività, già presenti nell'infanzia, che procurano un piacere non riducibile al solo soddisfacimento di un bisogno fisiologico fondamentale (respirazione, fame, escrezione ecc.) e che si ritrovano come componenti nella forma, detta normale, dell'amore sessuale".

Istinto sessuale e libido non sono termini equivalenti. Nella libido c'è una componente aggressiva fortemente condizionata dall'ambiente culturale.

Un'altra precisazione: nel parlare della sessualità infantile in genere adoperiamo termini presi dalla psicologia dell'adulto, che vanno adeguati all'età trattata: erotismo, masturbazione precoce, castrazione, perversione ecc. Tale terminologia desta sempre qualche reazione ogni volta che la si applica ai primi anni di vita.

Le prime manifestazioni istintive del lattante passano quasi inosservate da parte dei genitori, ma sono importanti.

Sin dall'allattamento, l'istinto sessuale spinge il bambino a provare piacere in varie zone del proprio corpo e nel soddisfacimento di bisogni fisiologici, e così sarà nel corso di tutta la vita per assicurare la continuazione della specie.

Vi sono, durante la maturazione, varie zone erogene che caratterizzano i vari stadi di sviluppo e, direi, di realizzazione dell'istinto sessuale:

Stadio	Zona erogena
– orale	– bocca
– anale	– organi escretori (ano, vescica)
– fallico	– organi genitali
– genitale maturo	– organi genitali funzionanti.

Inizialmente, l'istinto di piacere sessuale è diretto verso il proprio corpo, è autoerotico; poi, verso i tre-quattro anni, è diretto verso l'oggetto esterno, madre o padre, secondo il sesso. Una certa gelosia verso il partner dello stesso sesso, pur essendo normale, crea però spesso quello che chiamiamo "complesso di castrazione", paura della punizione paterna (parlo del bambino, soprattutto quando le precoci esperienze lo portano a vedere che le femmine non hanno il pene).

Ho detto che le prime manifestazioni istintive proprie dei primi due stadi e i relativi meccanismi di difesa passano quasi inosservate da parte dei genitori, anche se per noi sono importanti.

Tra i meccanismi psicologici di difesa che dobbiamo ricordare, ci sono quelli della rimozione e della fissazione: con il primo l'individuo si difende quando un suo impulso o una sua necessità urta con il mondo esterno, rimuovendolo nell'inconscio; con il secondo, quando l'evoluzione psicologica del bambino viene bloccata da traumi psichici o ambientali di vario genere (nascita di un fratello, separazione precoce dei genitori ecc.), egli può fissarsi nello stadio evolutivo in cui si trova, o regredire a stadi precedenti, vissuti come più rassicuranti o gratificanti. Fissazioni che possono dar luogo, da adulti, a particolari forme di comportamento.

E, così, possiamo avere, nell'età matura, il cosiddetto "carattere orale", in costante ricerca del piacere di possedere piccole e grandi cose nuove, anche al di sopra delle possibilità reali, l'*avere* come persistenza di un fatto autoerotico orale.

Oppure il "carattere anale" possessivo, chiuso, egocentrico, egoista e ossessivo, pignolo, puntiglioso, ostinato, ordinato, scrupoloso, il minuzioso ricercatore in vari campi della scienza.

Più ricco di manifestazioni infantili è lo stadio fallico, anche perché esso non sfugge alla vigilanza dei genitori.

È il momento della crisi edipica, l'epoca in cui il bambino si interessa spontaneamente a tutti i problemi relativi sia all'origine della vita e delle cose, sia alla morte. Egli coglie pure le differenze morfologiche tra il maschio e la femmina e ne chiede il perché. È proprio a questo interesse che si riferiscono le tendenze voyeuristiche ed esibizionistiche da un lato, la paura dell'evirazione dall'altro, di questo periodo.

Si parla di complesso edipico positivo (l'amore verso il partner dell'altro sesso) e di complesso edipico negativo (l'amore verso il partner del proprio sesso). Quest'ultimo rappresenta una normale fase omosessuale nella vita sia dei maschi, sia delle femmine, e non gli si può dare un valore prognostico.

C'è una correlazione tra questi tre stadi: sul piano clinico il loro modello di comportamento quasi precede e segue il passaggio da uno stadio all'altro. Così abbiamo una dipendenza avida dalla madre nella fase orale, che si trasforma in una possessività insistente e tormentosa nella fase anale.

Poi il comportamento cambia: il piccolo, nella fase fallica, cerca di attirare su di sé l'attenzione e l'ammirazione dell'oggetto amato, sul quale manifestare quasi una specie di amore protettivo.

In seguito, le tendenze istintive sembrano rimanere assopite per qualche anno: è il periodo di latenza. L'Io del bambino si sviluppa: è il momento del risveglio degli interessi intellettuali e scientifici, dell'acquisizione di abitudini di lavoro e di concentrazione, dell'apprendimento della vita collettiva per mezzo della scuola.

Questo periodo è caratterizzato da un'eterosessualità piuttosto indifferenziata e non personalizzata: nei giochi in comune non si esprimono differenze di sesso, non vi sono forme di coscienza sessuale. Poi, intorno agli otto-nove anni, si noteranno preferenze per i bambini dello stesso sesso, un aumento di pudore nelle bambine. I due gruppi comunicano poco. I piccoli flirt avvengono con lettere o sguardi furtivi.

Come ho detto, si parla di una latenza sessuale, ma questo è un fatto più apparente che reale. I bambini mantengono una curiosità sessuale viva e più indagativa nel periodo prescolastico. Ma l'ambiente, la scuola (le parole proibite), la religione (il peccato), concordano nel reprimere la curiosità, nel segregarla con varie manifestazioni devianti (fobia, ripresa del succhiamento del dito o varie piccole manifestazioni feticistiche). Sugli otto anni, l'interesse sessuale diventa attivo, aggressivo; prevale, cioè, sulla repressione e il contenimento formale di queste istanze (già chiara masturbazione focalizzata a ottenere un piacere).

I problemi, tra i sei e i dieci-undici anni, gravitano, invariabilmente, attorno a quattro punti: la conoscenza delle differenze morfologiche tra maschi e femmine; la paura dell'evirazione; la conoscenza delle leggi di riproduzione della vita e la masturbazione.

Se non informiamo il bambino, egli cercherà altrove il mezzo di soddisfare la sua curiosità. Ha diritto di sapere quello che lo riguarda e di essere esattamente informato. Non si può neanche immaginare, se non si sono ascoltati in terapia bambini e, soprattutto, adolescenti, in quali abissi di senso di colpa e di angoscia essi possono venir trascinati dall'ignoranza delle leggi della vita e di alcuni semplicissimi fatti fisiologici.

Il senso di colpa e di angoscia può provocare una tale tensione da ostacolare o anche arrestare nel suo sviluppo la vita intellettuale e affettiva, non solo durante il periodo di latenza, ma anche nell'adolescenza e nell'età adulta.

In sintesi, il bambino forma le sue abitudini di lotta contro le tendenze istintive; tiene conto del godimento permesso e della repressione, e da questo momento si attiene a queste norme, spesso solo formalmente o con grandi sofferenze.

I genitori d'oggi si rendono sempre più conto che la purezza non può derivare dall'ignoranza, che non è un dono di natura, ma che si acquisisce attraverso le nostre conoscenze e talvolta a prezzo di profonde difficoltà interiori.

Dai nove-dieci anni circa, tutto cambia di nuovo, perché la quantità degli impulsi istintivi aumenta fino al momento della pubertà. Negli anni precedenti le tendenze sessuali erano rimaste sparse e, solo al momento della pubertà, esse si accentrano sulla sfera genitale. Se non sono ostacolate nel loro sviluppo normale, esse prendono il loro posto con la massima naturalezza e si integrano nella personalità.

Ma accade, talvolta, che per una ragione o per l'altra, esse diventino oggetto di preoccupazioni speciali e prendano una molesta preponderanza. È per evitare questo scoglio e prevenire i danni della regressione dell'affettività o dell'arresto dello sviluppo che dobbiamo intervenire nella vita istintiva del bambino con tatto, captare, più che prevenire, i suoi bisogni di conoscenza, far fronte con chiarezza ai suoi interrogativi, direttamente o indirettamente, attraverso la scuola, come tra poco dirò.

D'altronde, la pubertà prova se la precedente maturazione sessuale, nelle sue varie fasi e nelle sue varie estrinsecazioni comportamentali, più o meno equilibrate, sia riuscita a mantenere, come dice Giannotti, una "omeostasi narcisistica" che è alla base di ogni attività sessuale: un'armonia intrasistemica, non disturbata da forti conflitti inconsci.

Comunque, è un periodo di grande instabilità, periodo in cui pulsioni aggressive e sessuali si incontrano e provocano comportamenti eccessivi in ogni senso: la fame diventa voracità o anoressia; l'abitudine alle pulizie ordinarie diventa un lasciarsi andare o una voluta sporcizia; la cattiveria diventa antisocialità, brutalità verso animali o cose; il pudore esibizionismo; la carità cinismo. Le pulsioni sessuali superano la resistenza dell'Io. L'Io cerca di bloccarle con vari meccanismi di difesa e si accentuano fobie, idee ossessive, vari sintomi isterici, fughe.

Riaffiora il legame edipico con più o meno inconsce fantasie sessuali sottostanti di tipo incestuoso e tentativi, spesso traumatici, di agire e di bloccare detta colpa incestuosa.

È il periodo di forte contrasto del figlio con la madre (o figlia-padre) e, nello stesso tempo, di forte gelosia verso di essa. Si passa facilmente alle fughe, al marinamento della scuola, a varie forme di aggressività extra e intrafamiliari, soprattutto all'azione contro la madre in casi di separazione e affido del figlio a essa.

Se, come abbiamo detto, il ragazzo raggiunge questo periodo senza forti conflitti in corso e i fattori ambientali sono positivi (buona armonia familiare, ruoli genitoriali normali o complementari, atmosfera che facilita l'avvio al gruppo, qualche buona identificazione secondaria extrafamiliare ecc.) l'adolescente passa attraverso un altro periodo di masturbazione o di esaltazione erotica o di piccola perversione passeggera (vedi oltre) e raggiunge una stabile identità sessuale ampliando e fissando le caratteristiche culturali del proprio sesso. È in questo periodo che è inevitabile un conflitto tra istinto e giudizio di valore.

Concludendo, possiamo così sintetizzare il normale sviluppo sessuale:

– a diciotto mesi il bambino adopera lo stesso nome sia per maschi che per femmine

– a due anni e mezzo già distingue i due sessi, tocca i suoi organi genitali, su cui fissa l'attenzione la madre stessa: borotalco, crema, pannolino, caldo umido ecc.

– a tre anni esprime verbalmente le differenze fisiologiche del sesso maschile e femminile, inizia a orinare in modo differente

– a tre-cinque anni ama toccare il seno materno, si tocca, è esibizionista

– a cinque-sei anni: giochi a tinte sessuali vari, investigazione reciproca o su oggetti (bambole, animali)

– a sette anni: primi amori, come si nasce ecc., il bacio

– a otto-nove anni: problematiche e credenze originali della fecondazione e della nascita

In questo periodo vi è, però, un chiaro spostamento della libido sulla socializzazione (gruppo-scuola), nuove problematiche (peccato, concetto del già proibito, morte come fatto irrevocabile), forme di autoerotismo già chiaramente finalizzate al piacere, diversi spunti feticistici, ripresa del succhiamento del dito, forme di voyeurismo aumentate e già con relativo senso di colpa.

Dai dodici ai quindici anni, nella preadolescenza, si manifestano gli interessi eterosessuali. Alla fine del periodo inizia una maggiore cura del proprio aspetto esteriore; maggiore tipizzazione culturale delle differenze dei sessi; inizia la coppia.

L'autoerotismo è anch'esso molto precoce, vi sono già varie attività autoerotiche dai sei mesi in poi: dondolarsi, innalzamento ritmico del bacino, manipolazione degli organi genitali, adduzione ritmica delle cosce, giochi genitali vari, sfregamenti ritmici di varie parti della pelle ecc.

C'è una prima masturbazione sui due anni, non compulsiva, ma poi, sui tre-quattro anni, il bambino è già alla ricerca evidente di una soddisfazione. Infatti c'è una seconda masturbazione all'inizio del periodo fallico (tre-quattro anni). Ma, poi, dai cinque ai dieci anni hanno molta importanza le fantasie masturbatorie (essere toccati, manipolati dalla madre) che portano senso di colpa.

La terza masturbazione, come fatto autoerotico, è del periodo adolescenziale. Iniziano varie forme di piccola o transitoria perversione, qualche sporadica esperienza omosessuale, sia tra femmine (più varie e sfumate: amicizie amorose, esaltanti accarezzamenti, compiacenze vivide), sia tra maschi (dalla masturbazione reciproca tra compagni al rapporto con il bambino piccolo amato e solo accarezzato, sino all'atto completo o a fantasie omosessuali sadiche o masochistiche), qualche manifestazione feticistica (più frequenti, in questo periodo, nelle femmine), qualche manifestazione sadica e masochistica (vedi oltre).

Ma questo periodo è anche quello della sublimazione erotica dei primi flirt, della purezza teorizzata, con i correlati sensi di colpa.

Tra contrasti, eccessi, pulsioni aggressive e sessuali, agite o bloccate, si giunge così, verso i quindici-sedici anni, a una stabile identità sessuale: identificazione definitiva con il partner del proprio sesso; fantasmatico inizio masturbatorio eterosessuale; eterosessualità più o meno accompagnata da aggressività; amore ed eterosessualità matura.

Rivoluzione del costume sessuale

Dobbiamo, ora, porci una domanda: i costumi degli individui sono fortemente cambiati: negli ultimi trent'anni vi è stata una forte rivoluzione del costume sessuale in ogni strato sociale, culminante nel grido delle femministe degli anni settanta: "L'utero è mio e lo gestisco io", che echeggiava la liberazione sessuale svedese degli anni cinquanta-sessanta.

D'altra parte essa era stata preceduta, è bene ricordarlo, dalla scoperta della pillola anticoncezionale e dalla penicillina, che avevano, in poco tempo, eliminate due tra le più importanti cause di ansietà e di una certa continenza sessuale (gravidanza e sifilide).

La moda femminile ha fasciato o spogliato le donne: i bikini, il tanga hanno certamente facilitato la scoperta del corpo e le differenze estetiche dei sessi a ogni età.

Si è giunti a proclamare una dissociazione tra atto sessuale e qualsiasi sentimento di amore e intimità. Nella cultura della droga le coppie fanno l'amore quasi prima di essersi scambiati i propri nomi. Ma questi "atteggiamenti" sono più pubblicizzati dalla stampa diremmo "borghese", che in quella giovanile, dove l'enfasi è piuttosto su un "fare l'amore senza senso di colpa".

Il comportamento sessuale che è derivato da questi atteggiamenti "rivoluzionari" è stato molto più positivo di come era stato presentato.

Le varie generazioni di adolescenti hanno vissuto, negli ultimi trent'anni, diverse esperienze. Per le prime è stato il vivere la propria identità sessuale come diverso e rivoluzionario "atteggiamento" liberatorio verso il sesso. Per le seconde il viverlo come "comportamento" anticipato della prima esperienza. Soprattutto per la ragazza ciò ha comportato la caduta del tabu della verginità prematrimoniale, la diminuzione drastica dell'amore mercenario, il rapporto più chiaro, tra uomo e donna, prevalentemente "monogamico", l'anticipo del rapporto matrimoniale ecc.

Ma, fatto importante, tutto questo è andato di pari passo con una ristrutturazione nel rapporto tra individuo e autorità (padre e figlio; alunno e scuola; cittadino e governo ecc.).

L'attuale generazione sta vivendo tutto questo al lume della momentanea caduta dell'infallibilità della medicina che ha portato al nuovo concetto di immunodeficienza di cui l'Aids è solo la prima conseguenza clinica.

Ma le paure non servono mai a creare un'etica e un comportamento morale.

La rivolta contro l'autorità del Sessantotto non sembra essere del tutto rientrata: sono cambiati sia i giovani che gli adulti. Il fatto più importante per noi è che l'autoritarismo ha lasciato il posto a un più ragionato e flessibile rapporto tra padre e figlio.

Al lume di queste considerazioni, come ha influito questa rivoluzione sessuale sul decorso dello sviluppo sessuale?

È stata questa cosiddetta "rivoluzione sessuale", sia nella teoria sia nella pratica, a determinare o a influire sul decorso dello sviluppo sessuale, oppure la rivoluzione sessuale insieme alle trasformazioni parziali dello sviluppo sessuale non sono altro che la conseguenza della sostanziale modifica del metodo educativo sopra accennato?

È fondamentalmente mutato il rapporto genitori-figli: è

questo, secondo me, l'elemento più importante da tener presente, e il padre ha finalmente cominciato a prendere coscienza sia della sua importanza strutturante nel triangolo familiare, che inizia a partire dal settimo mese di vita del piccolo, sia nel capire che educare vuol dire comunicare, raffrontarsi con il proprio figlio e, fatto fondamentale, che vi è, per il figlio, assoluta eguaglianza tra moralità pubblica e privata.

La rivoluzione sessuale, perciò, poco ha modificato il susseguirsi dei vari stadi che ho succintamente descritto: ha forse facilitato la scomparsa del secondo stadio della latenza, eliminando la chiara segregazione dei sessi che si verificava dagli otto ai nove anni.

Quel che è fortemente modificato è la precocità nel chiedere spiegazioni da parte dei bambini nel periodo di latenza: ora osano farlo, e con insistenza. Ciò evita molte inutili rimozioni, traumatici piccoli segreti, ansie, angosce dovute a mancanza di chiarezza, a propri elementi corporei erroneamente creduti patologici.

È in gran parte caduto il tabu del sesso tra il bambino e il genitore (forse più da parte del bambino che del genitore). Ciò è, paradossalmente, avvenuto di meno tra l'adolescente e il genitore. Qui è cambiato il comportamento: l'adolescente si sente più libero nel suo agire, nel suo rapportarsi con l'adulto. È diventato più precoce, responsabile, anche se la sua educazione sessuale, fatto anche questo un po' paradossale, continua a essere extrafamiliare o libresca.

Problematiche attuali teoriche e pratiche

Da quanto ho sopra detto e tenendo presente l'importanza di questa rivoluzione sessuale ed educativa, è chiaro che le problematiche teoriche e pratiche che ne derivano per la sessualità infantile e adolescenziale sono molteplici e varie. Cerchiamo di focalizzarne qualcuna.

1. Stiamo avviandoci, forse, verso un cambiamento del modello edipico: un padre meno contestato dal maschio come rivale e, contemporaneamente, sempre più amato come oggetto di emulazione e questo, come ho detto, per una più attiva partecipazione educativa del padre nell'infanzia, dal settimo-ottavo mese di vita.

2. Sta forse modificandosi il tipo di lotta incestuosa inconscia della preadolescenza; vi è a quest'età un nuovo riavvicinamento edipico dove il maschio è geloso della madre (la femmina del padre) e nello stesso tempo la respinge ("mi tratta male" si lamenta più la madre del padre); c'è, forse, ancora una per-

sistenza di esibizionismo sessuale come contrasto cosciente coi parenti che ancora aderiscono a vecchi schemi educativi.

3. Persiste ancora in certi casi il problema della doppia madre. Questo è stato un fatto importante nel periodo in cui il baliatico, soprattutto extrafamiliare, era in auge e il primo rapporto edipico si costruiva sulla "balia".

Il tabu incestuoso del ragazzo pubere, durante il cosiddetto secondo rapporto edipico, era più sofferto del normale verso la madre vera. Nel mondo moderno il problema si pone ancora nella adozione speciale, adozione che riguarda bambini e ragazzi sino al diciottesimo anno di età che hanno perciò passato anche parecchi anni nella famiglia di origine e quindi ricordano la vera madre e il vero padre.

4. Sul piano pratico, avendo ormai un quadro abbastanza chiaro e accettato nelle sue grandi linee dalle varie scuole psicologiche della maturazione dell'istinto sessuale, genitori e scuola iniziano a conoscere le caratteristiche degli stadi di tale maturazione e, quindi, sono in grado di captare precocemente le loro devianze e cercare un eventuale intervento specialistico: richiesta di intervento per un tipo particolare di masturbazione più o meno frequente; di un'enuresi sospetta di colorito sessuale (come equivalente cioè di una polluzione); di un cambiamento improvviso di comportamento verso un genitore (come certe forme di aggressività verso la madre da parte del maschio); della persistenza del succhiamento del pollice (è questa una diffusa forma di autoerotismo che, però, non è sempre un sostituto di masturbazione). Quando i pediatri fecero una campagna contro il succhiotto per varie ragioni (alcune discutibili), gli psicologi lo difesero come surrogato allucinatorio della presenza della madre e i bambini, senza discutere molto, come si addice a un piccolo lord di pochi mesi, lo sostituirono con il pollice, che inizialmente aveva, e ha, lo stesso scopo. La sua persistenza, in molti casi, può essere considerata una manifestazione di autoerotismo, che non ha più la stessa ragione di essere (evocazione della presenza materna), ma assume connotati più complessi di un'indipendente soddisfazione sessuale. Di qui il suo perdurare anche oltre il periodo del completamento del processo di individuazione-separazione (due-tre anni).

5. Curiosità sessuale, interdizione, rimozione. Qui il problema è complesso. Abbiamo visto che la sessualità, sino ai quattro anni, può estrinsecarsi in vario modo (da particolari tipi di dondolamento, al succhiamento del dito, alla manipolazione o sfregamento dei genitali, a una persistente enuresi per godere del caldo umido dei famosi pannolini ecc.). Attualmente la madre moderna ha un atteggiamento molto liberale a

questo riguardo, anche se (per moderne regole igieniche) manipola troppo con creme, massaggi, le zone erogene e fissa l'attenzione sui genitali da una parte eccitando e, dall'altra, soprattutto attraverso le parole, creando il tabu. Comunque un equilibrio esiste e questa liberalizzazione di comportamento, insieme al bombardamento visivo, vario e convincente specie negli spot pubblicitari, dei mass media, crea una forte curiosità e una nutrita richiesta di "perché" a un genitore e a una scuola non preparati che, direttamente o indirettamente, reprimono, per paura che "il conoscere" faciliti "l'agire". C'è qui un forte divario tra la richiesta e la sua "soddisfazione" cognitiva: l'ambiente, praticamente, genera interdizione e il bambino produce rimozione o semplicemente si chiude e ricerca altre vie confidenziali. La famosa rivoluzione, paradossalmente, ha creato, per il momento, un maggior numero di traumi psichici per la "non conoscenza" o per una conoscenza distorta. È questo il problema attuale più importante da affrontare, su cui diremo tra poco.

6. Il problema della masturbazione. Mi riferisco qui alla masturbazione vera a organi sessuali maturi, quindi con eiaculazione. Tralascio il trauma che, in alcuni soggetti non preparati, ha procurato la prima eiaculazione: questo certamente è quantitativamente diminuito e la masturbazione, comunque, non crea più un conflitto intrapsichico e, di conseguenza, ansia e senso di colpa. Ma la caduta dei vari tabu pseudoscientifici su tale atto ha facilitato l'espandersi di questa abitudine che a quattordici-quindici anni raggiunge quasi il cento per cento. Un trenta per cento di meno nella donna dove, come abbiamo detto, spesso avviene un'esaltazione erotica quasi poetica in cui si idealizza selettivamente il proprio oggetto d'amore indipendentemente, spesso, dall'esaltazione sessuale che può portare a forme masturbatorie. Il pericolo, però, dell'espandersi senza più alcun senso di colpa o di paura di questo atto autoerotico, sta nel fatto che, in questo periodo, istinto sessuale e istinto aggressivo (sessualità e aggressività) sono nuovamente uniti, non inibiti, non controllati, ancora, da un ideale dell'Io, con scarsa possibilità di sublimazione sia dell'uno, che dell'altro. Ora avviene che la sovraeccitazione sessuale prodotta dai mass media fa sognare l'*acting out* sessuale che l'aggressività, non controllata da un valido Super-io, tende a realizzare. Va forse ricercata qui la causa dell'attuale spaventoso aumento della violenza sessuale in ogni classe sociale nelle forme più varie, soprattutto contro la donna e il minore.

Aspetti particolari dello sviluppo psico-sessuale

Desidero soffermarmi brevemente su alcuni aspetti dello sviluppo psico-sessuale abbastanza frequenti nell'età evolutiva. Essi possono diventare disfunzioni sessuali solo quando persistono oltre l'adolescenza come fonte esclusiva o prevalente di piacere.

Quasi tutte sono presenti nei vari stadi di sviluppo sessuale, come già abbiamo detto. Spesso è difficile stabilire una differenziazione tra "gioco sessuale" (prime masturbazioni, elementi feticistici, travestitismo, sadismo su cose o animali) e inizio di disfunzione sessuale.

La disfunzione è una pulsione parziale che diventa patologica quando prende il sopravvento sulle altre pulsioni sia come il fine dell'istinto sessuale sia come oggetto:

– dei fini: un atto psichico che sostituisce l'atto sessuale normale (voyeurismo, esibizionismo e sadismo, masochismo)

– d'oggetto: attrazione erotica, esclusiva o preponderante verso altri oggetti piuttosto che verso il partner dell'altro o del proprio sesso (feticisimo, zoofilia, sodomia ecc.).

Spesso queste disfunzioni qualitative sfuggono ai genitori, qualche volta sono notate dagli educatori, qualche volta si confessano al medico di famiglia. Certamente occorre, in ogni caso, che i genitori si rivolgano al più presto a un neuropsichiatra infantile anche solo per eventuali consigli pedagogici. La classica frase "con la crescita passa" deve essere sempre detta solo da un tecnico.

a) Voyeurismo, esibizionismo: sono delle attività normali nell'evoluzione dell'istinto sessuale; sino alla pubertà fanno parte dei giochi sessuali infantili. Essi sono facilitati dal nuovo tipo di educazione che porta a un precoce "stare insieme", "giocare insieme", maschio e femmina, sin dalla scuola materna. Solo quando si presentano con troppa frequenza e assumono un carattere un po' compulsivo, occorre intervenire e ricercare la causa di questa fissazione. Nella preadolescenza e, soprattutto, nell'adolescenza, sono stati descritti vari casi patologici in cui l'atto del vedere era essenziale per l'eccitamento masturbatorio e copriva un'impotenza temuta o già sperimentata. Spesso, vi era un clima familiare rigido escludente ogni informazione sessuale; spesso, invece, l'atto era facilitato da una chiara ipodotazione intellettiva.

b) Feticisimo: attaccamento preferenziale a certi oggetti o parti del corpo (piedi, capelli ecc.) propri o di altri. Nel bambino, durante tutta la maturazione normale, è un susseguirsi di fissazioni parziali. Il feticismo infantile è intimamente legato al rapporto madre-bambino. Il tipico esempio è l'oggetto transizionale, carico di libido narcisistica e di libido oggettiva, che stabilisce un ponte tra il corpo del bambino e quello della madre. La madre va, viene; c'è, non c'è; tra l'impossibilità di possederla e l'angoscia panica della sua scomparsa si pone l'oggetto transizionale rassicurante (una bambola speciale, uno straccetto, un pupazzo ecc.).

Solo dopo la pubertà il feticismo diventa disfunzione, ma è una via preferenziale non assoluta per la scarica dell'eccitamento sessuale ancora difficile per ragioni ambientali (può essere una parte del corpo, spesso i piedi, o un particolare odore ecc.).

Il feticismo è una piccola disfunzione, abbastanza frequente dai nove ai diciotto anni di età: nasce come fantasia masturbatoria e, a poco a poco, se l'informazione e l'attività sessuale non facilitano la normalizzazione dell'atto e la maturazione dell'identità sessuale, esso può prendere caratteristiche dominanti e stabili. Infatti, nel feticismo adolescenziale è già chiaro uno spostamento dell'impulso sessuale sul "feticcio" come difesa dall'angoscia suscitata dagli organi genitali. In questo modo diviene possibile il rapporto sessuale vissuto ancora attraverso l'atto masturbatorio o già agito.

L'omosessualità

Benché l'omosessualità oggi non sia più socialmente e moralmente stigmatizzata come un tempo, essa può essere inizialmente fonte di sofferenza psichica. Non tutti gli episodi di cosiddetta omosessualità infantile e adolescenziale si stabilizzano in tale comportamento nell'età adulta. Nell'un caso e nell'altro, è importante, a mio parere, seguire l'evolversi di queste tendenze con particolare attenzione, per offrire precocemente un sostegno psicologico adeguato.

Nell'anamnesi di omosessuali adulti risulta che vi sono state esperienze omosessuali iniziate per i quattro quinti tra i nove anni e mezzo e la pubertà, e per un quinto dopo. Ma è tra i diciassette e i ventisei anni che si è stabilita la loro identità sessuale anomala.

Per la donna, nel 60 per cento dei casi, è prima dei quindici anni e, nel 40 per cento, tra i quindici e diciassette anni.

Vi sono, però, attività omosessuali estremamente varie ed estremamente più frequenti di quel che si pensi, ma transitorie. Sono più problematici quei casi in cui il bambino assume alcuni comportamenti del sesso opposto: amore per le bambole, travestitismo ecc. In genere hanno avuto importanti difficoltà nelle prime relazioni parenti-bambino. L'individuo è profondamente insicuro della sua mascolinità e ciò lo porta a un iniziale disturbo della sua identità sessuale e a una precoce identificazione con l'altro sesso. In questi casi il travestitismo da gioco sessuale diventa un desiderio compulsivo di indossare indumenti femminili e, specialmente, della madre.

Solo in questi casi il travestitismo infantile può rappresentare un fattore predisponente a un'omosessualità futura.

Tuttavia, come dice Anna Freud, è molto difficile fare dei pronostici. Il lattante sceglie i suoi oggetti sulla base della funzione, non del sesso; le pulsioni sessuali cercano soddisfazione su altri elementi e non sull'apparato sessuale del partner. Così pure la ricerca del compagno preferito nel periodo della latenza e nella prepubertà non ha valore predittivo.

L'omosessualità può essere favorita da una serie di fattori, tipo:

a) tendenze bisessuali piuttosto aumentate, che alcuni considerano far parte di una costituzione innata

b) una forte persistenza di un narcisismo primario in piena pubertà

c) una persistenza della tendenza passiva dello stadio anale e della erotizzazione dell'ano in quel periodo (A. Freud)

d) un complesso d'Edipo negativo che, in genere, come abbiamo già detto, rappresenta una fase omosessuale normale della vita, sia per i maschi, sia per le femmine – più frequente ora data la maggior presenza positiva del padre nella prima infanzia

e) l'invidia del potere del pene, che porta a una identificazione mascolina nella femmina

f) la sovraestimazione del pene durante lo stadio fallico, che spinge il maschio a non accettare la femmina come partner castrato.

Con il nuovo tipo di educazione che porta a una conoscenza molto precoce del nostro corpo e delle funzioni delle sue varie parti, i fattori *e* e *f* sono ora molto ridotti.

Altri fattori aleatori possono influire sulle scelte sessuali: il tipo di educazione (proiezioni inconsce di omosessualità da parte di un genitore per cui il bambino e, poi, il ragazzo, si identifica con un'immagine parentale dominante e omosessuale e sarà un nevrotico omosessuale); vari meccanismi di seduzione omosessuale da parte di altri elementi dell'ambiente parentale o extrafamiliare; meccanismi di imitazione per l'incontro di un gruppo a orientamento sessuale ambiguo; la facilità o la difficoltà di trovare un oggetto eterosessuale durante l'adolescenza.

C'è un gruppo in cui l'ipererotismo sessuale precoce (sei-undici anni) porta alla soluzione omosessuale, più facile da realizzare data l'età, che poi si stabilizza, soprattutto se facilitata dall'incontro con pedofili in tarda adolescenza.

L'omosessualità femminile è meno frequente prima dei nove anni, è molto più frequente nella preadolescenza: è una specie d'amore narcisista, un amore provato per un essere con il quale la ragazza si identifica e, grazie al quale, può soddisfare meglio l'amore per se stessa.

La ricerca di carezze, tenerezze, ha un chiaro carattere di bisogno affettivo, con scarse note sessuali. Più tardi prenderà la forma o di un'amicizia altamente sublimata o di una relazione più chiaramente sessuale. L'incontro o l'identificazione con un partner più maturo (amica di famiglia, professoressa) può fissare questa identità deviata e anche il suo carattere più passivo o viriloide (identificazione con il padre aggressore, con il fratello ecc.).

Più frequente, nella donna, una situazione di omo ed eterosessualità, che la porta al matrimonio e alla maternità, ma con varie influenze sull'educazione dei figli, sia maschi, sia femmine.

Il problema dell'omosessualità nell'età evolutiva è di difficile soluzione; il dubbio diagnostico è sempre poco chiaro: i fattori favorenti, i sintomi pronostici, come abbiamo detto inizialmente, sono molto aleatori.

Prevenire la prima esperienza è quasi impossibile, salvo che sintomi collegati alla iniziale deviazione sessuale portino alla diagnosi.

Il genitore non sa; il tecnico dubita, ma non sa; il soggetto, in genere, non accetta il colloquio e ancor meno la psicoterapia.

L'ansia delle prime esperienze, nella maggior parte dei casi, non è forte perché il soggetto non realizza il proprio orientamento (non essendo ancora chiaro), lo interpreta come un gioco piacevole nella burrasca contraddittoria della condotta adolescenziale.

Difficile diagnosticare, anche nella prima gioventù, un omosessuale ego-sintonico e uno ego-distonico. Non si può parlare ancora di sofferenza, perché l'identità sessuale anomala non è ancora stabile e un bisessualismo, anche solo come fantasia masturbatoria, è molto frequente. Ma il soggetto sfugge all'interrogatorio, paventa l'analisi, assume già una posizione di "diverso": bugie devianti, diffidenza, attivismo per occultare movimenti e azioni ai genitori o chiusura, introversione per avere isolamento familiare, che concede, di fatto, più libertà d'azione.

Comunque occorre esporre il problema a un tecnico (neuropsichiatra infantile, o uno psicologo, o un educatore specializzato in problemi adolescenziali) che potrà dare consigli pratici di vario genere, a seconda delle situazioni familiari e socio-culturali, e avere colloqui con il soggetto onde convincerlo ad attuare una psicoterapia analitica e accettare il suo status qualunque esso sia.

Conclusioni

Ho esposto lo stato attuale del decorso dell'istinto sessuale nell'età evolutiva, e ho cercato di accennare ad alcune problematiche teoriche e pratiche che pongono, a noi specialisti, seri problemi sul piano operativo. Che fare?

L'infanzia e l'adolescenza moderne vivono direttamente soggette al bombardamento dei persuasori occulti, dei mass media televisivi, e delle copertine e dei contenuti di tanta carta stampata. Ciò non potrà essere modificato né a breve, né a lungo termine. Occorre, perciò, tenerne conto nelle proposte.

Come tecnico, parlando alla Scuola dei Genitori, nel 1954-56, proponevo due direttive:

1) non tanto una educazione sessuale precoce, ma rispondere alle richieste dei bambini al di sotto dei nove anni in modo semplice e veritiero; nello stesso tempo, imparare a neutralizzare, pedagogicamente, alcune manifestazioni autoerotiche del proprio figlio, eventualmente con l'aiuto di un tecnico

2) invitavo la scuola a prendere in considerazione un programma di educazione sessuale del pre-pubere.

Oggi, in base a una più matura esperienza, confermo queste due linee operative, con qualche maggiore precisazione.

I genitori dovrebbero conoscere meglio gli stadi di sviluppo dell'istinto sessuale nell'età evolutiva e, di conseguenza, essere più pronti a cogliere eventuali devianze iniziali nei loro figli. Non anticipare, ma, eventualmente, aiutare le richieste dei loro figli al di sotto dei nove anni. È più facile oggi, rispetto a trent'anni fa, rispondere in modo abbastanza veritiero e con parole semplici a ogni curiosità, dato che i piccoli, attraverso i mass media, possono già intuire, fare confronti, avere dubbi. Inoltre, i genitori dovrebbero conoscere come piccole anormalità morfologiche possono incidere indirettamente sulla maturazione dei rapporti sessuali e ridurle in tempo, eventualmente anche con l'aiuto di un tecnico.

E qui, per inciso, occorre una certa preparazione dei pediatri in questo senso, perché sono quelli che più facilmente possono scoprire queste anomalie e, comunque, sono i primi consiglieri ai quali la madre si rivolge.[1]

[1] Non tratto qui dei disturbi della sfera sessuale reattivi a certe alterazioni

La scuola dell'obbligo deve porsi il problema di una educazione sessuale che sia, psicologicamente parlando, equilibrata. È da oltre quarant'anni che si discute su questo problema; ciò proviene da un quadruplice motivo:

a) l'atteggiamento della società in genere nei confronti degli argomenti sessuali da trattare con i fanciulli

b) l'atteggiamento dei genitori in particolare

c) l'atteggiamento degli stessi insegnanti, dovuto in parte alla

d) carenza di indirizzi precisi da parte della grande maggioranza delle autorità scolastiche locali, tutte bloccate, come vedremo, su un falso problema: si tratta, cioè, di "informazione" o di "educazione"?

Le esperienze sono piuttosto deludenti. Eppure, se si agisce in modo pedagogicamente appropriato, il risultato è altamente positivo. Intanto, a differenza di quanto sostenevo allora, occorre anticipare questi insegnamenti a nove anni: in IV elementare, quando non si sono ancora risvegliate le emozioni sessuali mature, anche se i fanciulli provano già un reale interesse per le funzioni corporee e del *proprio* corpo, sono assetati di fatti "scientifici".

Ma la mia posizione si differenzia su questo punto di vista essenziale rispetto ai vari tentativi della scuola:

a) l'insegnante deve essere un medico particolarmente preparato a questo scopo; ciò dà all'insegnamento tutta un'altra rilevanza scientifica agli occhi del piccolo. L'operatore deve conoscere a fondo ogni elemento, conscio o inconscio, della propria sessualità, deve sapere che non si tratta di "informazione", ma di "educazione" sessuale. Deve, quindi, saper rispettare ideologie e valori dei soggetti e delle loro famiglie. Captare a tempo le eventuali reazioni negative dei suoi piccoli interlocutori, attivizzare le domande, le problematiche, i dubbi

b) ci deve essere il consenso dei genitori, ai quali va inizialmente spiegata la scaletta del programma

c) è essenziale, e anche questo va accettato dai genitori, un momento privato e confidenziale; l'alunno, cioè, può rivolgersi direttamente all'insegnante dopo la lezione per chiarire qualche suo problema particolare o per qualche delucidazione che non ha osato chiedere in aula

d) la lezione non deve essere intesa in senso unidirezionale, ma dopo alcune precisazioni sugli argomenti trattati (per esempio la nascita) attraverso accostamenti dell'animale all'uomo

organiche, come fimosi o ritenzione testicolare o idrocele o malformazioni congenite varie, alterazioni per le quali si deve intervenire precocemente e non oltre i cinque-sei anni (per la ritenzione testicolare anche prima).

trattati con figure, cartelloni, videocassette, a seconda dell'età del gruppo, si deve aprire un dibattito. Sono lezioni-seminari, con un libero scambio di idee, dove l'educazione sessuale va di pari passo con un'educazione civica.

Nel dare informazioni sul sesso non si contraddice affatto l'impostazione morale data dalla famiglia o dalla Chiesa o dalla scuola. I ragazzi capiscono in fretta e subito che la conoscenza di per se stessa non è un male, ma che lo sarebbe una sua cattiva applicazione: occorre conoscere, non aver vergogna di conoscere, e fare un giusto uso di questa conoscenza.

Cade, perciò, la paura genitoriale e anche di altri tecnici che la conoscenza favorisca l'azione. L'esperienza, semmai, ha dato risultati diversi: sono cadute le barriere, le informazioni indirette, le paure assurde, le impotenze psichiche, e l'atto sessuale ne è uscito vincitore perché il piccolo capisce ben presto che l'uomo, attraverso il sesso, deve arrivare all'amore.

I rischi della separazione familiare

Separazione o divorzio "imperfetti" o "quasi perfetti"*

La separazione o il divorzio è una storia d'amore che finisce e una storia di soldi che comincia. Occorre assolutamente evitare che il figlio si trovi all'incrocio tra l'amore e i soldi, che sia coinvolto diventando la vittima di questa doppia storia.

Queste storie d'amore che finiscono sono in forte aumento nel cosiddetto "mondo occidentale".

Se teniamo presenti alcune tra le più documentate statistiche americane, veniamo a sapere che ogni bambino che nasce ha il 40 per cento delle probabilità di vivere, prima dei diciott'anni, in una famiglia che si separerà, e che il 65 per cento dei bambini visitati in un Servizio di psicopatologia infantile proviene da famiglie separate o divorziate.

Non mi risulta che esistano statistiche di questo tipo nel nostro paese. Risulta, invece, che il numero di separazioni annuali è notevole, con una media di 35-40.000 ogni anno (35.205 nel 1987 – 37.224 nel 1988).

Sono 40-80.000 i bambini o i ragazzi che, ogni anno, affrontano il rischio affettivo di una separazione. Di questi il 45-50 per cento è al di sotto dei nove anni; il 30-35 per cento in preadolescenza (dieci-quattordici anni); e un 20 per cento adolescente.

C'è una tendenza a un aumento di affido alla madre (il 90 per cento circa negli ultimi tre anni) soprattutto al di sotto degli undici-dodici anni, tendenza ora fortemente contrastata dai padri, con un certo successo.

È, perciò, un problema di grande importanza e molto complesso. Problema soggetto a moltissime variabili legate al prima, durante e dopo la separazione, all'età dei genitori, al numero di anni di fidanzamento e matrimonio, all'età dei figli, al loro numero ecc.

* Da "Diapason", 2, I semestre 1990.

In genere si trattano sempre insieme i due problemi, separazione e divorzio, ma ci sono delle differenze sostanziali tra di essi, e cioè:

a) la separazione più traumatica è, nella maggior parte dei casi, preceduta da anni di dissidi; la separazione porta a un distacco logistico, a un improvviso cambiamento di vita di tutto il gruppo familiare, non sempre prevedibile nella sua entità

b) in una forte percentuale di casi, in regime di separazione, uno dei partner lotta per la riunione

c) nella separazione i figli lottano, direttamente o indirettamente, per la riunione dei genitori, nella quale sperano ancora

d) nella separazione, fattori logistici (il problema della casa) ed economici spesso complicano e acutizzano i già tragici problemi affettivi.

Giunti al divorzio, nella gran parte dei casi, è cessato il "lutto psicologico" di uno o di entrambi i partner, molte variabili negative si sono risolte, l'età dei figli è aumentata.

Naturalmente, in un certo numero di casi, la causa di divorzio acutizza molti problemi, soprattutto economici, proprio per il suo carattere di rottura definitiva.

Non mi soffermo sulle varie cause che possono spiegare l'aumento del numero di separazioni in quasi tutti i paesi del mondo occidentale e anche nel nostro.

Psicologi, psicoanalisti, sociologi, hanno via via valorizzato alcune cause o concause: il forte abbassamento dell'età media della coppia (al matrimonio) e, soprattutto, l'eguaglianza dell'età dei coniugi, una certa immaturità della coppia o di uno dei partner, con difficoltà relazionali e, poi, educative verso i figli; la tendenza all'uscita precoce dal nucleo familiare d'origine e, quindi, l'implicito desiderio di una precoce vita di coppia in molti soggetti fondamentalmente nevrotici.

La scarsa sopportazione delle frustrazioni di tutta la gioventù odierna, un certo contrasto, non dichiarato, tra i due partner, ambedue agli inizi della carriera, e il nuovo status psicologico, nell'ambito della relazione familiare, della donna in quanto apportatrice anch'essa, in modo eguale o spesso superiore, di supporto economico, unioni frequenti tra individui con status educativo e sociale differente e, di conseguenza, facili dissensi nella quotidianità del vivere insieme ecc.

Le due personalità si incontrano: le differenze, i conflitti interni, i complessi vari svaniscono di fronte alla legge dell'amore, spesso sopravvalutando il fascino fisico e sessuale. Poi a poco a poco, nella continuità del vivere insieme, come ho detto, affiora tutto il vissuto dei due esseri; quasi sempre essi tentano di creare una possibilità di convivenza precocemente sentita in pericolo. L'impegno di carriera, di lavoro (in casa e fuori), i doveri materni e paterni sopravvenuti, ritardano un po' queste iniziali incrinature, ma inizia la "noia familiare". E quando la gioia familiare si trasforma in dovere familiare: che fare?

Discussioni su piccole cose, inversione di ruolo nell'educazione dei figli, noia fisica, dovere sessuale. Il "che fare?" diventa un incubo.

Ma per decidere una separazione occorre una forte energia, una decisione che viene dal profondo, sentita improvvisamente come una cosa inevitabile. Si tratta di rimettere in gioco tutta una vita, una intimità in cui si è creduto, e si ha paura di produrre un dolore certo ai figli.

Paradossalmente si può dire che non si prende mai la decisone di separarsi e, soprattutto, di separarsi per divorziare: è essa che ci prende.

Gli effetti psicologici sui figli

Occorre considerare il danno psicopatologico legato al periodo della pre-separazione, a quello più traumatico della lotta giuridica e a quelli della post-separazione.

In un lavoro di ricerca svolto nell'ambito della mia Scuola, fatto su un gruppo di quaranta casi, si è notato che le prime avvisaglie di chiari contrasti di coppia iniziano, in forma sensibile, in media circa sei anni prima della separazione. Sei anni in cui le sensibilissime antenne dei figli captano una rottura affettiva.

Ciò, a seconda dell'età dei figli, provoca una varietà di disarmonie di sviluppo: persistenza o ripresa di un'enuresi, tic, balbuzie, varie forme di ansia e di manifestazioni psicosomatiche (insonnia, cefalea, alopecia, asma ecc.) e, fatto più grave, accentua un precoce disturbo relazionale, se esiste.

Il dissidio della coppia è spesso accompagnato da litigi dinnanzi ai figli o dall'inizio di un evidente distacco del padre: comincia nei figli la paura di perdere uno degli oggetti amati; comincia un involontario parteggiamento per l'uno o l'altro dei genitori, soprattutto se eventuali scene di gelosia tendono a colpevolizzare uno dei partner.

È un continuo stato d'allarme che non fa crescere né dà sicurezza.

Periodo della lotta giuridica

Sia nel caso di una separazione di tipo consensuale che di quella giudiziaria, i tempi della legge sono sempre troppo lunghi per un figlio.

"Disposizione provvisoria" per l'affido, per la casa, per le visite, udienze, perizie ecc., sono termini vissuti sempre con ansia dai tre-quattro anni in su. Basta una parola "per ora stai con la mamma", una frase "il papà per ora dorme fuori" e già all'inizio si aprono nell'animo del figlio due traumi:

1) la perdita dell'onnipotenza dei genitori (il giudice è più forte di loro, è solo lui che può decidere)

2) la paura di perdere uno degli oggetti d'amore, paura già presente nel traumatico periodo della pre-separazione e ora diventata realtà.

Ciò indipendentemente dal maggiore o minore coinvolgimento diretto nella causa, che sempre c'è, nel chiaro tentativo dei due partner di "usare" (parola forte, ma purtroppo spesso vera) il figlio a proprio favore, specie nelle separazioni giudiziarie.

Periodo post-separazione

I primi tre-quattro anni sono i più pericolosi per la crescita del figlio. Qui le variabili sono molte.

In quasi il cinquanta per cento dei casi persiste "odio", "contrasto", "disistima profonda dei due partner"; vi è un "inserimento disgregante della terza generazione (nonni) nella lotta"; "gravità di lutto psicologico di uno dei partner", "ricorsi in appello per l'affido, per questioni economiche, per la casa ecc.". In questi casi è normale che questa patologia della coppia che persiste sia altamente patologizzante (1/3 dei casi di separazioni) per i figli.

Ma anche nei casi in cui vi è maggior civismo dei genitori, il nuovo tipo di vita familiare, la necessità di nuovi e più difficili rapporti pedagogici con il genitore non affidatario, creano nel figlio una forte crisi di adattamento.

In un primo periodo se, come ho detto, i due partner sono persone civili, il figlio può avere un apparente buon adattamento data l'assenza dei continui litigi per separazioni spesso violente, ma poi sente lo squilibrio educativo, anche perché nella maggior parte dei casi, con il tempo e le attuali modalità di visite che normalmente si stabiliscono, il genitore assente a poco a poco si distacca, o perché è praticamente nell'impossibilità di partecipare all'educazione, o perché ciò lo fa soffrire troppo e cerca un'altra soluzione affettiva. È proprio il rapporto padre-figlio quello più in pericolo. Comunque sia, la separazione provoca sempre un forte aumento di angoscia: è la perdita del fattore protettivo del "contenitore" famiglia; è la perdita, eventuale, della casa, degli amici, della scuola.

Nei più piccoli c'è spesso un "senso di colpa" come se fossero la causa della separazione, e così pure nei preadolescenti. Ciò è la prova che ci sono periodi in cui la separazione è più traumatica, e sono i due periodi cosiddetti di "individuazione" (dai tre ai cinque e dai dodici ai quattordici anni).

Gli adolescenti reagiscono meglio, però in molti c'è una forte preoccupazione per il loro futuro. C'è nelle femmine un netto aumento dell'attività sessuale e nel maschio un periodo di forte aggressività, o vari problemi di socializzazione, e un forte conflitto con la madre in quasi il cinquanta per cento dei casi.

È certo, però, che i casi in cui i figli non sembrano aver avuto delle conseguenze psicopatologiche dalla separazione sono quelli in cui i figli hanno potuto mantenere un valido contatto con ambedue i genitori dopo la separazione, ma, soprattutto, non hanno avuto una traumatizzante pre-separazione.

Questa è la constatazione statistico-clinica principale che attribuisce completamente la responsabilità ai genitori di fronte al fattore "rischio psicopatologico" insito in ogni separazione.

Comunque la separazione è sempre un fattore a rischio psicopatologico per i figli, rischio relativamente alto nei due terzi dei casi.

I figli dovrebbero essere "soggetto primo" nella separazione, mentre in pratica sono oggetto coinvolto, "usato" nella separazione.

Ecco perché desidero parlare ora della separazione "quasi" perfetta in base alla mia personale esperienza e alle esperienze di altri colleghi e di altre nazioni, Stati Uniti e Francia in particolare. Schematizzo il mio pensiero tenendo ben presente l'estrema variabilità di situazioni che, come ho più volte sottolineato, presenta un matrimonio in crisi e una separazione, punta massima di questa crisi.

Il Comitato dei ministri del consiglio d'Europa, nel febbraio 1985, considerando l'evoluzione del "contenitore" famiglia, non parla più d'autorità genitoriale, di "patria potestà" di romana memoria, ma di "responsabilità genitoriale". Il figlio è "soggetto" di diritti e i genitori sono portatori di "poteri", ma nella funzione esclusiva dei "doveri" che hanno verso i figli.

Tali doveri sono di entrambi i genitori, sia prima che dopo la separazione.

Ogni modalità tecnica, logistica ed economica, deve partire da questa nuova ed esclusiva ottica: i figli. Esso, perciò, consiglia ai vari stati membri della Cee l'affido congiunto liberamente accettato o in prima istanza imposto dal giudice: nell'affido congiunto, il concetto di abitazione, di locazione, viene distinto da quello di educazione. I figli abitano con uno dei genitori affidatario, nel senso di "locatario", ma tutte le decisioni, tutte ripeto (modalità di vita, scuole, viaggi, interventi medici, sport, vacanze, modalità educative ecc.) vengono prese dai due genitori (non dal giudice) con o senza discussioni, come se ci fosse ancora un'unica famiglia. Così a poco a poco la "dissociazione coniugale" si trasforma in una "intesa genitoriale", quella che è veramente indispensabile per l'equilibrio dei figli.

Ciò sarà sempre più possibile se si seguiranno questi consigli:

– gli avvocati, i medici di famiglia, i genitori della coppia, dovrebbero aiutare la coppia a tenere ben differenziati i concetti sopra detti di "dissociazione coniugale" e di "intesa genitoriale"; invitare, così, la coppia a tenere sempre distinta l'ottica dei figli dalla loro, e con l'aiuto di un tecnico neuropsichiatra infantile o un altro tecnico di fiducia, concordare tra di loro, prima di presentarsi dal giudice, le modalità di vita dei figli dopo la separazione, prescindendo dal loro lutto psicologico, ma impegnati a fondo nel loro "dovere genitoriale": il meglio possibile per i figli nell'inevitabile disgrazia che è loro capitata

– i genitori devono tener presente che nella maggior parte dei casi di separazione, il formarsi di due nuclei porta sempre un danno economico. Comunque il livello di vita dei figli, sia che stiano con la madre che con il padre, deve essere uguale a quello del partner che è uscito di casa. È triste, e qui lo ripeto, vedere a quali piccinerie economiche ex mariti facoltosi ricorrono pur di punire l'ex moglie (o viceversa) colpendo in questo modo i figli che colpe non hanno

– tenuti distinti il problema dei figli e quello economico, impegnati nella ricerca di un accordo con alto civismo ed equità morale, occorre, poi, che i genitori, nello stabilire il regime di vita dei figli come sopra detto, tengano sempre presenti i semplici, ma essenziali accorgimenti che seguono.

1) Quando il figlio più piccolo è al di sotto dei dieci-dodici anni, è meglio che la "locataria" sia la madre e il padre non dovrebbe opporsi, ma aiutare a realizzare al meglio questa soluzione; dopo i figli potrebbero eventualmente passare con il padre il periodo scola-

stico (più facile da tenere dato l'impegno scolastico prolungato) e con la madre il lungo periodo delle vacanze (dal 10-15 giugno a settembre)

2) fin dove è possibile, le due abitazioni debbono essere vicine, ottimo se fossero nella stessa circoscrizione scolastica

3) al limite, se non ci fosse in Italia la difficoltà della "casa", sarebbe quasi meglio che si andasse tutti in nuove case, sempre però nella stessa circoscrizione per non turbare le abitudini extrafamiliari dei figli (scuola, amici ecc.)

4) visite del padre: debbono essere concordate in modo che il padre possa veramente esercitare il suo "dovere pedagogico" e forse ancora di più di quando tutti erano uniti. In genere i miei consigli sono: week-end alternati dal venerdì sera al lunedì mattina (impegni sportivi, di festicciole o altro, dei figli permettendo); una visita settimanale (o anche due) un figlio per volta o insieme il gruppo dei fratelli dalle ore 17-18 (dopo aver fatto i compiti) al giorno dopo: cenano con il padre, discutono, guardano la Tv, respirano l'atmosfera paterna; settimana bianca, feste come di uso abituale, ma senza rigidismi

5) non escludere mai i nonni. Ottimo il pernottare qualche volta da loro

6) una volta ogni 20-30 giorni, la famiglia pranza o cena insieme, senza eventuali conviventi; unione familiare in cui si può anche discutere di tante cose e dare un indirizzo pedagogico unitario, se possibile. Ciò rafforza nei figli la sicurezza del possesso dei loro due oggetti d'amore e né il padre, né la madre hanno più ragione di temere il furto di paternità o di maternità di eventuali conviventi: si forma così, a poco a poco, quella che io chiamo "superfamiglia"

7) se i figli danno festicciole (in genere in casa della madre se è lei la "locataria") il padre deve "fare" presenza poiché ciò è importante per i figli di fronte ai loro amici

8) qualora i genitori abitino in città differenti, in genere i figli stanno con la madre durante il periodo scolastico e con il padre durante il periodo estivo, dalla fine della scuola all'inizio in settembre, salvo 15-20 giorni di vacanza con la madre. Ma questo può variare in base alla lontananza delle due città, al tipo di occupazione del padre o dal tipo di scuola dei figli ecc. Spesso dopo i dieci-dodici anni si preferisce, anche in questo caso, invertire la locazione e dare al padre il periodo scolastico, più organizzato e quindi più facile da gestire, e alla madre tutto il periodo delle vacanze. Occorre però sempre considerare di non turbare la socializzazione dei figli, pensare al loro futuro, alla necessità più o meno sentita di un'identificazione con il padre ecc.

9) il partner non locatario ha diritto di avere i figli durante tutte le feste riconosciute (escluso: Natale, Capodanno e Pasqua che seguono un altro ritmo)

10) ultimo, ma fatto più importante, i due genitori, nonostante la gravità del loro dissidio, nonostante il lutto psicologico (sempre più grave per uno di essi quando l'altro lo ha lasciato per un altro amore) mai, dico, mai, un genitore deve demolire l'altro come genitore, perché a medio termine subirà un forte giudizio negativo

da parte del figlio. Come genitori possiamo non essere perfetti, ma la creazione di un figlio è sempre un atto d'amore, così lo concepiscono i figli e per questo non possono accettare la distruzione di uno di essi.

Il problema grave è: "il Tribunale".

Abbiamo già sottolineato il forte danno procurato ai figli dalla lunghezza del procedimento giuridico (provvedimenti provvisori, vari rimandi alle udienze distanziati di mesi ecc). Occorre rivoluzionare tutto questo.

In mancanza, purtroppo, in Italia, del Tribunale familiare, noi tecnici consigliamo d'urgenza:

a) al Ministero di Grazia e Giustizia di creare nel Tribunale Civile una Sezione speciale che si occupi solo di diritto di famiglia

b) al Comune di creare nel Dipartimento Materno Infantile una "Unità territoriale" specializzata nei rapporti con la Magistratura quando tratta problemi minorili, unità formata da un neuropsichiatra infantile, uno psicologo e un assistente sociale.

Quando il giudice di detta Sezione riceve una richiesta di separazione dovrebbe:

1) fissare la prima udienza al più presto possibile (non oltre il mese). In detta udienza invitare la coppia, come ho detto, a una serie di colloqui presso tecnici di sua scelta e a presentargli entro 15 giorni le sue proposte sia sulle modalità di vita dei figli (con il consiglio eventuale dei tecnici, di cui sopra) sia sul problema economico

2) comunque affermare subito, alla prima udienza, che l'affido sarà congiunto, quindi:

- un genitore sarà "puramente" locatario
- tutti gli altri doveri genitoriali saranno congiunti

3) se le proposte fatte e firmate dai genitori non sono concordanti, il giudice le sottoporrà all'Unità territoriale sopra detta, competente in base al domicilio dei genitori. Essa ha il dovere-diritto di approfondire lo studio della relazione avuta, anche interrogando genitori, parenti, insegnanti e, se necessario, i figli o i tecnici consultati dai genitori. Qualora la relazione dei genitori concordi, potranno aggiungere consigli ulteriori. Entro 15-20 giorni consegnerà al giudice il proprio punto di vista

4) dopo dieci giorni il giudice in seconda udienza decide le modalità di affido definitivo con tutti i consigli, come ho sopra detto, ai genitori e nomina il giudice tutelare, che dovrà farli osservare

5) dopo un mese, in terza udienza, decide il problema economico per quel che riguarda i figli e in generale se possibile

6) per nessuna ragione questi tempi dovranno essere prolungati, quindi tutto l'iter è completato nel giro di 100-120 giorni. Ciò porterà come costume che i genitori si prepareranno alla separazione, parleranno insieme con i tecnici, cercheranno tra loro i punti di incontro o meno per quel che riguarda i figli. Gli avvocati li aiuteranno a riportare l'essenziale e non a scavare inutilmente nel passato fatti, azioni o supposizioni che non fanno altro che aumentare la lotta: si distruggerebbero reciprocamente e inutilmente e poi i figli maggiorenni potranno leggere queste reciproche accuse, sempre poco edificanti perché spesso sono forzate per vincere le cause dei figli e della casa. L'affido è congiunto, il problema economico è essenziale in funzione dei figli: da quest'ottica non si sfugge e il giudice deve imporre loro l'essenziale e nominare subito il giudice tutelare

7) la figura del giudice tutelare assume grande importanza. Egli deve assolutamente seguire il caso, soprattutto nel primo anno. Spesso la madre "locataria" è quella che manca più facilmente escludendo l'altro genitore (o l'altro genitore rapidamente si autoesclude dal suo compito genitoriale).

Il giudice tutelare in Francia condanna, e immediatamente, a forti pene pecuniarie ogni mancanza genitoriale e con estrema severità.

I genitori hanno "doveri genitoriali", non poteri, questa è la nuova giurisdizione proposta dalla Cee: i figli sono "soggetto" di diritto. Il giudice tutelare può, eventualmente, modificare via via alcune delle disposizioni date dal giudice del Tribunale, eventualmente rivolgendosi all'Unità Territoriale specialistica di cui sopra. Il giudice del Tribunale deve sapere che è lui corresponsabile, con i genitori, della psicopatologia dei figli, perché troppo spesso prolunga inutilmente la causa di separazione.

Ecco quel che intendo per separazione "quasi" perfetta. Conosco tutte le possibili obiezioni che si possono fare a questa rivoluzionaria procedura (e sarei pronto a discuterla in qualsiasi tavola rotonda con giudici, avvocati, nonni e coppie esasperate). Ricordarsi: sempre nella separazione i figli sono portatori di "diritti", sono loro che determinano e, d'ora innanzi, debbono imporre a genitori e a giudici i loro tempi psicologici.

PER CHI AMA I DECALOGHI...
(però possono servire...)

IL BAMBINO IMPARA CIÒ CHE VIVE

Se vive nel rimprovero,
diverrà più intransigente

Se vive nell'ostilità,
diverrà più aggressivo

Se vive nella derisione,
diverrà più timido

Se vive nel rifiuto,
diverrà uno sfiduciato

Se vive nella serenità,
diverrà più equilibrato

Se vive nell'incoraggiamento,
diverrà più intraprendente

Se vive nell'apprezzamento,
diverrà più comprensivo

Se vive nella lealtà,
diverrà più giusto

Se vive nella chiarezza,
diverrà più fiducioso

Se vive nella stima,
diverrà più sicuro di sé

Se vive nell'amicizia
diverrà veramente amico
per il suo mondo.

Decalogo distribuito dalla Casa farmaceutica Abbott S.p.A.

Non basta l'affetto

Interessante è, a questo proposito, il decalogo che la famosa pedopsichiatra Susan Isaacs suggerisce alle mamme:

1) Non dire semplicemente "non devi fare questo" se puoi aggiungere "ma fai quest'altro".
2) Non chiamarli "capricci" quando si tratta soltanto di cose che disturbano.
3) Non interrompere qualsiasi cosa faccia il bambino senza dargli un preavviso.
4) Non "portare" a passeggio il bambino, ma vai a passeggio "con" lui.
5) Non esitare a fare delle eccezioni alle regole.
6) Non prendere in giro il bambino e non fare dei sarcasmi: ridi con "lui", e non "di" lui.
7) Non fare mostra del bambino agli altri e non farne un giocattolo.
8) Non credere che il bambino capisca ciò che gli dici solo per il fatto che tu lo capisci.
9) Mantieni le tue promesse e non farle quando sai di non poterle mantenere.
10) Non mentire e non sfuggire alle domande.

Fin qui Susan Isaacs.

La conclusione è una sola: i bambini hanno bisogno non soltanto del nostro affetto e della nostra simpatia, ma anche della nostra intelligenza e dei nostri seri e pazienti sforzi per capire la via del loro sviluppo mentale: ecco ancora sottolineata la necessità dell'"ASCOLTO".

I bambini sono arrampicatori ed esploratori: 10 regole da 0 a 8/9 anni

1) Mai lasciare incustodita la vasca da bagno piena in attesa del bagno
2) Chiudere l'interruttore centrale del gas quando non si cucina
3) Spine elettriche coperte (0-5 anni)
4) Farmaci e detersivi di qualsiasi tipo (per vetri, stoviglie, biancheria, pavimenti, bagni ecc.) mai a portata di mano e di sedia
5) Sbarrare eventualmente accessi alle scale, soprattutto interne (0-5 anni); catenelle alle finestre (0-5 anni in alcuni casi)
6) Mai chiudere a chiave la camera dei bambini quando loro sono presenti, né lasciare la chiave nella toppa affinché loro non possano chiudervisi (0-10/12 anni)
7) Attenzione ai vasi su balconi e terrazze: possono essere facili sgabelli per affacciarsi pericolosamente
8) Spigoli ai muri di casa coperti con paragomma, antiscivolo sotto ai tappeti
9) Mai un minuto da solo sul fasciatoio o sul seggiolone (0-2 anni). Io preferisco sempre il suo piccolo tavolo basso e con rientro
10) Sbarre del lettino almeno 60 cm dal margine superiore del materasso e cuscini antiurto a terra attorno al lettino.

Indice

Sempre in "Universale Economica" – SAGGI

Cheryl Benard, Edit Schlaffer, *Lasciate in pace gli uomini*. Manuale per un felice rapporto di coppia

Alexandra Berger, Andrea Ketterer, *Perché limitarsi a sognare?* Tutto quello che le donne vorrebbero sapere sul corpo e sulla sessualità

Bruno Bettelheim, *Un genitore quasi perfetto*

Bruno Bettelheim, *Il mondo incantato*. Uso, importanza e significati psicoanalitici delle fiabe

Bruno Bettelheim, Karen Zelan, *Imparare a leggere*

Alain Braconnier, *Anche l'anima fa male*. Angosce infantili, angosce adulte

Hilde Bruch, *La gabbia d'oro*. L'enigma dell'anoressia mentale

Ivana Castoldi, *Meglio sole*. Perché è importante bastare a se stesse

Paolo Crepet, *Cuori violenti*. Viaggio nella criminalità giovanile

Paolo Crepet, *Le dimensioni del vuoto*. I giovani e il suicidio

Paolo Crepet, *Solitudini*. Memorie di assenze

Paolo Crepet, Giancarlo De Cataldo, *I giorni dell'ira*. Storie di matricidi. Nuova edizione

Anna Fabbrini, Alberto Melucci, *L'età dell'oro*. Adolescenti tra sogno ed esperienza

Elena Gianini Belotti, *Dalla parte delle bambine*

Renate Göckel, *Donne che mangiano troppo*. Quando il cibo serve a compensare i disagi affettivi

Renate Göckel, *Finalmente liberi dal cibo*

Guglielmo Gulotta, *Commedie e drammi nel matrimonio*. Psicologia e fumetti per districarsi nella giungla coniugale

bell hooks, *Tutto sull'amore*. Nuove visioni. A cura di M. Nadotti

Jesper Juul, *Il bambino è competente*. Valori e conoscenze in famiglia

Helen S. Kaplan, *Manuale illustrato di terapia sessuale*. 39 illustrazioni di D. Passalacqua

Darian Leader, *Perché le donne scrivono lettere che non spediscono?*

Darian Leader, *Le promesse degli amanti*

William H. Masters, Virginia E. Johnson, *L'atto sessuale nell'uomo e nella donna*. Indagine sugli aspetti anatomici e fisiologici

Philippe Meirieu, *I compiti a casa*. Genitori, figli, insegnanti: a ciascuno il suo ruolo

Dusty Miller, *Donne che si fanno male*

John Money, Patricia Tucker, *Essere uomo, essere donna*. Uno studio sull'identità di genere

Robin Norwood, *Donne che amano troppo*

Robin Norwood, *Guarire coi perché*

Robin Norwood, *Lettere di donne che amano troppo*

Asha Phillips, *I* no *che aiutano a crescere*. Presentazione di G. Bollea

Gabriella Turnaturi, *Tradimenti*. L'imprevedibilità nelle relazioni umane

Stampa Grafica Sipiel
Milano, febbraio 2004